Nadia Battat

Les algorithmes de vote dans les systèmes tolérant aux fautes

Nadia Battat

Les algorithmes de vote dans les systèmes tolérant aux fautes

Éditions universitaires européennes

Impressum / Mentions légales
Bibliografische Information der Deutschen Nationalbibliothek: Die Deutsche
Nationalbibliothek verzeichnet diese Publikation in der Deutschen
Nationalbibliografie; detaillierte bibliografische Daten sind im Internet über
http://dnb.d-nb.de abrufbar.
Alle in diesem Buch genannten Marken und Produktnamen unterliegen
warenzeichen-, marken- oder patentrechtlichem Schutz bzw. sind
Warenzeichen oder eingetragene Warenzeichen der jeweiligen Inhaber. Die
Wiedergabe von Marken, Produktnamen, Gebrauchsnamen, Handelsnamen,
Warenbezeichnungen u.s.w. in diesem Werk berechtigt auch ohne besondere
Kennzeichnung nicht zu der Annahme, dass solche Namen im Sinne der
Warenzeichen- und Markenschutzgesetzgebung als frei zu betrachten wären
und daher von jedermann benutzt werden dürften.

Information bibliographique publiée par la Deutsche Nationalbibliothek: La
Deutsche Nationalbibliothek inscrit cette publication à la Deutsche
Nationalbibliografie; des données bibliographiques détaillées sont
disponibles sur internet à l'adresse http://dnb.d-nb.de.
Toutes marques et noms de produits mentionnés dans ce livre demeurent
sous la protection des marques, des marques déposées et des brevets, et sont
des marques ou des marques déposées de leurs détenteurs respectifs.
L'utilisation des marques, noms de produits, noms communs, noms
commerciaux, descriptions de produits, etc, même sans qu'ils soient
mentionnés de façon particulière dans ce livre ne signifie en aucune façon
que ces noms peuvent être utilisés sans restriction à l'égard de la législation
pour la protection des marques et des marques déposées et pourraient donc
être utilisés par quiconque.

Coverbild / Photo de couverture: www.ingimage.com

Verlag / Editeur:
Éditions universitaires européennes
ist ein Imprint der / est une marque déposée de
OmniScriptum GmbH & Co. KG
Heinrich-Böcking-Str. 6-8, 66121 Saarbrücken, Deutschland / Allemagne
Email: info@editions-ue.com

Herstellung: siehe letzte Seite /
Impression: voir la dernière page
ISBN: 978-3-8416-7306-0

Zugl. / Agréé par: Mon travail est un mémoire de Magister, Bejaia, université
A. Mira, Algerie, 2007

Table des matières

Chapitre 1   Introduction 3

Chapitre 2   Introduction à la tolérance aux fautes 5

2.1. Introduction 5

2.2. Définitions 5

2.3. Classification des fautes et des défaillances 6

     2.3.1. Classification des fautes 6

     2.3.2. Classification des défaillances 8

2.4. Prévention de fautes 9

     2.4.1. Évitement de fautes 9

     2.4.2. Élimination de fautes 10

2.5. La tolérance aux fautes 10

     2.5.1. Niveaux de tolérance aux fautes 11

     2.5.2. Traitement des fautes et des erreurs 11

     2.5.3. Tolérance aux fautes de logiciel 13

     2.5.4. La tolérance aux fautes de matériel 21

     2.5.5. Algorithmes de sélection de sortie 24

2.6. Conclusion 25

Chapitre 3   Les algorithmes de vote dans les systèmes tolérants aux fautes 26

3.1. Introduction 26

3.2. Fonctionnalité générale d'un voter 27

3.3. Classification des algorithmes de vote 27

     3.3.1. Le nombre de voters (statiques ou dynamiques) 28

     3.3.2. La méthode d'implémentation (voter logiciel ou matériel) 28

     3.3.3. Le type d'agreement (voter exact ou inexact) 29

     3.3.4. La cardinalité d'espace de résultat (espace de petite ou grande taille) 29

     3.3.5. La nature de l'environnement de travail (voter synchrone ou asynchrone) . 30

     3.3.6. La fonctionnalité du voter 30

3.4. Classification des voters basés sur leur fonctionnalité 31

3.4.1.Algorithmes de vote génériques 31

3.4.2. Algorithmes de vote hybrides 36

3.4.3.Voters bases sur des mesures 40

3.5. Conclusion 41

Chapitre 4   Etude comparative des algorithmes de vote 43

4.1. Introduction 43

4.2. Comparaison des performances des algorithmes de vote 43

4.2.1. Structure de test de Harnais 43

4.2.2. Hypothèses 44

4.2.3. Paramètres d'environnement 45

4.2.4. Mesure des performances 46

4.3. Résultats de comparaison 47

4.3.1. Perturbation d'une seule entrée (erreur unique) 47

4.3.2. Perturbation de plusieurs entrées (erreurs multiples) 48

4.4. Conclusion 68

Références bibliographie 69

Chapitre 1

Introduction

En général, nous définissons la tolérance aux fautes comme la capacité d'un système d'exécuter ses fonctions désirées correctement, en présence des défaillances du matériel ou des erreurs du logiciel [1].

Une des approches primaires pour améliorer ou maintenir le comportement normal d'un système dans un environnement défectueux est basée sur l'utilisation des modules redondants, et un algorithme de vote; pour se cacher l'occurrence d'erreurs de la sortie du système.

Le nombre de modules redondants dans des cas pratiques (par exemple, contrôle d'avion, contrôle de centrale nucléaire) est petit (souvent 3 à 5). Il y a des situations, cependant, où le vote avec un nombre assez grand d'entrées est exigé (filtres de traitement d'image).

Les algorithmes de vote sont utilisés pour arbitrer entre les résultats obtenus par les modules redondants employés dans les systèmes tolérants aux fautes. Ils peuvent être divisés selon leur fonctionnalité à : voter générique, voter hybride et voter sur mesure. Les voters génériques utilisent seulement l'information des signaux d'entrée pour produire le rendement tandis que les voters hybrides ont également certaine information supplémentaire telle que la fiabilité de différents modules ou l'histoire des votes précédents. Les voters sur mesure sont par exemple microprocesseur spécial des systèmes conçus pour des navettes spatiales [2].

Différentes stratégies de vote sont utilisés dans les voters génériques, dont le voter de majorité inexacte, de médians et de moyenne pondérée sont les plus répandus et ont été utilisée dans plusieurs applications.

Les voters de majorité inexacte produisent une sortie à partir des entrées redondantes s'il y a un accord entre ces entrées. L'accord signifie que les résultats redondants ne sont pas exactement identiques, mais la différence entre eux est moins qu'un seuil particulier. Une difficulté majeure, avec ces voters, est la nécessité de choisir une valeur de seuil approprié, qui a un impact direct sur l'exécution [3, 4].

Les voters de médiane produisent une sortie par le calcul de mi-value des entrées. Néanmoins, ces voters sont incapables de produire une sortie bénigne quand aucun accord n'existe entre ces entrées. Aussi, ces voters ne sont pas utiles pour les applications qui nécessitent une plus haute sûreté [2].

Les voters de moyenne pondérée produisent toujours une sortie, indépendamment de l'accord entre ses entrées, en amalgamant les entrées.

Comme les voters de médiane, ces voters sont incapables de produire une sortie bénigne quand aucun accord n'existe entre ses entrées.

De plus, aucun de ces voters n'est capable de prendre en considération les incertitudes associées aux entrées.

Une variante de voter de majorité inexacte (le voter flou) est proposé dans [5], pour résoudre les problèmes posés par les voters cités précédemment. C'est le premier schéma de vote flou utilisé dans les systèmes tolérants aux fautes. Il diffère des autres types de schémas de vote flou qui sont principalement employés pour calculer la sortie finale d'un voter, parmi les entrées agréés du voter [6], pour identifier un modèle et pour combiner les systèmes multiples de classification [7, 8].

Dans ce livre, une étude comparative des performances de ces voters est donnée pour confirmer que le voter flou s'exécute correctement dans des situations bien spécifiques. Cette étude utilise des sorties correctes, incorrectes et bénignes pour faire la comparaison. Elle est basée aussi sur l'utilisation de la métrique de la fiabilité (la probabilité qu'un système exécute sa fonction prévue dans un intervalle de temps, c'est une mesure de continuité de service), la disponibilité (la probabilité qu'un système s'actionne correctement à un instant donné, c'est une mesure d'accomplissement de service) et la sûreté (la probabilité qu'un système s'exécute correctement ou sera défaillant, c'est une mesure de protection d'un système contre les défaillances).

Ce livre est organisé en quatre chapitres qui sont décrits ci-dessous.

Après l'introduction en chapitre 1, nous allons présenter, dans le deuxième, les définitions relatives à la notion de la tolérance aux fautes. Nous nous serons intéressés plus particulièrement à deux types de tolérance aux fautes : logiciel et matériel. Nous allons aborder, aussi, les techniques existantes permettant d'assurer la tolérance aux fautes logicielles et matérielles, qui sont basées sur les voters et les tests d'acceptation.

Dans le troisième chapitre, nous allons fournir une classification fonctionnelle des algorithmes de vote selon trois catégories : voter générique, voter hybride, et voter sur mesure. Nous allons aussi citer un certain nombre d'algorithmes de vote pour chaque catégorie.

Une évaluation expérimentale de quatre algorithmes de vote (voter de majorité inexacte, de médiane, de moyenne pondérée et voter flou) sera présentée dans le chapitre quatre.

Chapitre 2
Introduction à la tolérance aux fautes

2.1. Introduction :

Avec le besoin grandissant d'ouverture des systèmes à l'Internet, la probabilité d'apparition de fautes dans certains composants ou communications augmente de manière significative et les conséquences deviennent fortement imprévisibles et graves [9, 10]. Ceci se rencontre en particulier dans les secteurs industriels tels que le contrôle de processus où des matériaux explosifs sont employés, le transport (chemin de fer), les centrales nucléaires et les applications militaires, dans les systèmes de base de données réparties [11].

Quelques systèmes sont conçus pour être tolérants aux fautes c'est-à-dire qu'ils continuent à fournir leurs services standard indiqués en dépit de l'occurrence de défaillances de composantes [9, 12]. Dans ces systèmes, les défaillances sont soient masquées ou exhibées.

2.2. Définitions :

Dans ce qui suit, nous allons donner quelques définitions relatives à la tolérance aux fautes :

Faute :

Toute cause (événement, action, circonstance) [13, 14] pouvant provoquer une erreur menant à une défaillance de système tel qu'il ne se comporte plus d'une manière pré-spécifiée [15].

Erreur *:*

L'erreur est la partie de l'état du système susceptible d'entraîner la défaillance, qui est causée par une faute [13]. S'il y a une erreur dans l'état de système, alors il existe une séquence d'actions qui peut être exécutée par le système et qui mènera à la défaillance du système (figure 1) [16].

Défaillance *:*

La défaillance dénote l'incapacité d'un composant d'exécuter sa fonction en raison des erreurs dans l'élément ou dans son environnement.

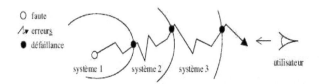

Figure 1- Récursivité des fautes, erreurs et défaillances-

Quatre sources de fautes peuvent causer la défaillance d'un système :

- Une spécification inadéquate.
- Des erreurs de conception dans le logiciel.
- Une défaillance du processeur.
- Une interférence sur le sous-système de communication.

2.3. Classification des fautes et des défaillances :

Les fautes et les défaillances peuvent être caractérisées selon différents points de vue [17].

2.3.1. Classification des fautes :

Selon [18], les types de fautes sont définis comme suit (figure 2) :

6

1- Du point de la configuration de l'occurrence :

- *Une faute permanente :* elle est continue et stable. Dans le matériel, les fautes permanentes reflètent un changement physique irréversible.

- *Une faute intermittente :* elle se présente seulement de temps en temps due au matériel instable ou incompatible ou aux états logiciels.

- *Une faute transitoire :* elle résulte des conditions d'environnement temporaire. La différence principale entre les fautes intermittentes et les fautes transitoires est que les fautes intermittentes peuvent être détectables et réparables par le remplacement ou la re-conception tandis que les fautes transitoires sont irréparables.

2- Du point de vue de l'origine des fautes :

- *Une faute physique :* elle provient des phénomènes physiques internes, comme le changement de seuil et le court-circuit ou des changements externes tels que l'électromagnétique, les vibrations, etc.

- *Les fautes humaines :* les fautes dues aux actions humaines sont classées en deux catégories, selon que les actions soient involontaires ou intentionnelles [19].

  - Les causes de *fautes humaines involontaires* sont les fautes de conception (qui demeurent non détectées pendant la conception, la modification, ou l'établissement des procédures opératoires) et les fautes d'interaction (les erreurs causées par le personnel de maintenance et autres avec l'accès au système qui mènent à l'opération incorrecte, l'arrêt du système ou des dommages physiques accidentels, etc.).

  - Les causes de *fautes humaines avec une intention malveillante* (les attaques) [20] sont : l'introduction de la logique malveillante (les virus) dans le système, les intrusions qui exploitent les faiblesses du système pour gagner l'accès non autorisé avec l'intention de pirater, changer ou détruire l'information ou les attaques physiques.

7

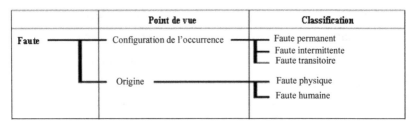

	Point de vue	Classification
Faute	Configuration de l'occurrence	Faute permanent Faute intermittente Faute transitoire
	Origine	Faute physique Faute humaine

Figure 2-Classification des fautes selon les différents points de vue -

2.3.2. Classification des défaillances :

Selon le comportement du système après l'occurrence d'une faute, des défaillances ont été classées (figure 3) [9, 17, 21] comme suit:

- *fail-stop* : se produit quand un processus cesse son exécution et alerte d'autres processus.

- *Crash :* un processus subit la défaillance de crash quand il cesse, de manière permanente, d'exécuter ses actions [23].

- *Défaillance d'omission* : soit un processus émetteur envoyant une séquence de messages à un processus récepteur. Si le récepteur ne reçoit pas certains des messages envoyés par l'émetteur, alors une défaillance d'omission se produit [9].

- *Défaillance de synchronisation* : des systèmes temps réel exigent des actions d'être terminées dans un temps spécifique. Quand un processus ne termine pas sa tâche dans la tranche de temps indiquée, une défaillance de synchronisation se produit [22].

- *Défaillance de calculs incorrects :* se produit quand un processus ne produit pas le résultat correct en réponse à des entrées correctes.

- *Défaillance byzantine authentifiée :* se produit quand les processus ne sont pas capables d'authentifier imperceptiblement un message signé par un processus correct.

- *Défaillance byzantine :* se produit quand un processus se comporte arbitrairement. Elle représente la plus faible de tous les modèles de défaillance

8

[23].

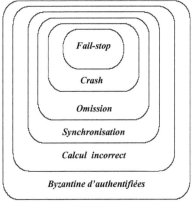

Byzantin

Figure 3- Classification ordonnée de défaillance-

2.4. Prévention de fautes :

On distingue deux stratégies de prévention de fautes : l'évitement de fautes et l'élimination de fautes.

2.4.1. Évitement de fautes:

L'évitement de fautes essaie de limiter l'introduction des fautes durant la construction du système par l'utilisation de :

- Composants les plus fiables en respectant les coûts et les contraintes de performances.
- Techniques raffinées d'interconnexion des composants et de l'assemblage des sous-systèmes.
- Langages avec abstraction de données et modularité.
- Environnement de génie logiciel pour aider la manipulation des composants logiciels et par conséquent de gérer la complexité.
- Méthodologies de conception prouvées.

L'approche de prévention de fautes échoue quand :

- Soit la fréquence ou la durée de réparations est inacceptable, ou bien
- Le système est inaccessible pour des activités de maintenance et de réparation.

9

2.4.2. Élimination de fautes :

C'est la procédure pour trouver et éliminer les causes des erreurs en testant les systèmes, mais :

- Le test du système ne peut jamais être exhaustif et éliminer toutes les fautes potentielles
- Un test peut seulement être utilisé pour montrer la présence de fautes, pas leur absence.
- Il est parfois impossible de tester sous des conditions réelles.
- La plupart des tests sont faits dans un mode de simulation et il est donc difficile de garantir que la simulation est exacte
- Les erreurs introduites durant la spécification des besoins peuvent ne pas se manifester jusqu'à ce que le système tombe en panne.

Malgré l'évitement de fautes, des erreurs de conception (du matériel et du logiciel) existent toujours. Malgré toutes les techniques de test et de vérification, les composants matériels peuvent tomber en panne. Une autre approche est nécessaire d'où l'émergence d'un nouveau paradigme : *la tolérance aux fautes*.

2.5. La tolérance aux fautes :

La tolérance aux fautes consiste à protéger l'utilisateur externe des conséquences des défaillances des composants internes du système [13]. Cette protection peut prendre plusieurs formes selon que l'on cherche à masquer complètement les fautes à l'utilisateur, à assurer une continuité de service en acceptant une dégradation temporaire de sa qualité, ou à prévenir les conséquences les plus catastrophiques d'une défaillance en mettant le système dans un état sûr.

La tolérance de fautes vient de la redondance d'espace, de temps et de valeur [24, 25].

1- Redondance d'espace : plusieurs copies du même composant, par exemple : disques, serveurs

2- *Redondance de temps* : répéter l'action, par exemple : envoyer les copies multiples du message

3- *Redondance de valeur* : ajouter des données supplémentaires, par exemple, codes corrigeant des erreurs, signatures

2.5.1. *Niveaux de tolérance aux fautes :*

On distingue trois niveaux de tolérance aux fautes :

Tolérance aux fautes complète :

Le système continue à fonctionner en présence de fautes avec une perte non significative de fonctionnalités ou de performance.

Fail soft:

Le système continue à fonctionner en présence de fautes, acceptant une dégradation partielle des fonctionnalités ou des performances durant le recouvrement ou la réparation.

Fail safe:

Le système maintient son intégrité tout en acceptant un arrêt temporaire de son fonctionnement.

2.5.2. *Traitement des fautes et des erreurs :*

La tolérance aux fautes est mise en œuvre par le traitement des erreurs et celui des fautes [31].

2.5.2.1. Traitement des fautes :

Le traitement des fautes dans un système redondant est conçu à éviter qu'une ou plusieurs fautes ne soient activées de nouveau. Il peut consister en un nombre d'étapes [17, 26] :

Détection de fautes :

Aucun schéma de tolérance aux fautes ne peut être utilisé avant l'étape de détection de l'erreur associée à ces fautes. Cette étape initiale est détectée, à travers beaucoup de techniques, que quelque chose d'inattendu s'est produite dans le système.

Diagnostic de fautes :

Lors de cette étape, le diagnostic est exécuté afin d'obtenir des informations sur l'emplacement et/ou la nature de la faute détectée. Cette étape est nécessaire, si la technique de détection de faute ne fournit pas ces informations.

Passivation des fautes :

Cette étape permet d'empêcher une nouvelle activation des fautes.

Reconfiguration :

Cette étape se produit au cas où la faute détectée mènerait à une défaillance permanente de la composante.

Dans *les systèmes non redondants,* seulement des techniques d'évitement de fautes peuvent être appliquées.

2.5.2.2. Traitement des erreurs :

Le traitement d'erreur est destiné à éliminer les erreurs, de préférence avant qu'une défaillance ne survienne [27]. Il fait appel à trois types de primitives [17, 26] :

Détection d'erreur :

Permet d'identifier un état erroné.

Diagnostic d'erreur :

Permet d'estimer les dommages créés par l'erreur qui a été détectée et par les erreurs éventuellement propagées avant la détection.

Recouvrement d'erreur :

Permet de substituer un état exempt d'erreur par un état erroné, cette substitution peut prendre trois formes [28] :

- *La reprise* : qui substitue à l'état courant un état préalablement sauvegardé.
- *La poursuite :* qui trouve un état à partir duquel le système peut fonctionner ;
- *La compensation d'erreur :* qui construit un état exempt d'erreur par l'introduction de la redondance.

2.5.3. Tolérance aux fautes de logiciel:

Une caractéristique des techniques de tolérance aux fautes de logiciel est qu'elles peuvent, en principe, être appliquées à n'importe quel niveau dans un système logiciel : procédure, processus, programme d'application, ou le système entier comprenant le système d'exploitation [27, 30].

Les techniques de tolérance aux fautes applicables au logiciel sont divisées en deux groupes [29] : *techniques de logiciel à une seule version* et *techniques de logiciel multi-versions.*

2.5.3.1. Techniques de tolérance aux fautes de logiciel à une seule version :

La tolérance aux fautes à une seule version est basée sur l'utilisation de la redondance appliquée à une seule version d'une pièce de logiciel pour détecter et récupérer des fautes. Elle inclue des considérations sur la structure de programme et les actions, la détection des erreurs, la manipulation d'exception, le point de reprise, la relance, les paires de processus et sur la diversité de données [29].

Structure de logiciel et actions :

L'architecture de logiciel fournit la base pour l'implémentation de la tolérance aux fautes [29]. L'utilisation des techniques de modularité pour décomposer un problème en composants maniables est importante pour l'efficacité de l'application et pour la conception d'un système.

La décomposition modulaire d'une conception devrait considérer des protections intégrées pour garder le comportement d'un composant aberrant dans un module propagé à d'autres modules.

Détection des erreurs :

L'application effective des techniques de tolérance aux fautes dans les systèmes à une seule version exige des modules structuraux deux propriétés de base : la protection automatique et la vérification automatique [31, 32, 33].

La propriété *protection automatique* signifie qu'un composant doit pouvoir se protéger soi-même contre la contamination externe en détectant des erreurs dans l'information passée par d'autres composants interactifs.

La propriété *vérification automatique* signifie qu'un composant doit pouvoir détecter des erreurs internes et prendre des actions appropriées pour empêcher la propagation de ces erreurs à d'autres composants.

Manipulation d'exception :

Dans le contexte de la tolérance aux fautes de logiciel, les exceptions sont signalées par des mécanismes de détection d'erreur implémentés comme requête pour l'initiation d'une reprise appropriée. Dans [34] sont énumérées trois classes d'exception déclenchant des événements pour un composant logiciel : les exceptions d'interface, les exceptions locales internes et les exceptions de défaillance.

- *les exceptions d'interface :* sont signalées par un composant quand il détecte une requête de service incorrecte.

- *les exceptions locales* : sont signalées par un module quand ses mécanismes de détection des erreurs trouvent une erreur dans ses propres exécutions internes.

- *les exceptions de défaillance :* sont signalées par un module après qu'il ait détecté une erreur que ses mécanismes de traitement de fautes ne peut pas manipuler avec succès.

Point de reprise et relance

Pour le logiciel à une seule version, il y a peu de mécanismes de reprise [27]. Les plus répandus sont le point de reprise et le mécanisme de relance [27].

Une relance (figure 4) consiste en une sauvegarde périodique de l'état du système de façon à pouvoir, après avoir détecté une erreur, ramener le système dans un état antérieur, supposé exempt d'erreur [35]. Cette approche qui se base sur la définition de point de reprise, a les avantages d'être indépendante des dommages provoqués par une faute [32].

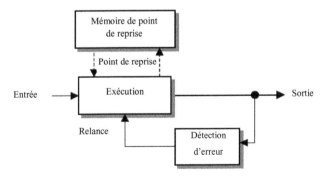

Figure 4- Représentation logique de point de reprise et de relance -

Paires de processus :

Une paire de processus utilise deux versions identiques du logiciel qui fonctionne sur des processeurs séparés (figure 5) [33]. Ici, les processeurs sont étiquetés comme primaire et secondaire. D'abord, le processeur primaire traite l'entrée et crée la sortie tout en produisant de l'information de point de reprise qui est envoyée pour la sauvegarde ou au processeur secondaire.

Sur la détection des erreurs, le processeur secondaire charge le dernier point de reprise en tant que son état de départ et assure le rôle du processeur primaire. Après réparation, le processeur réparé devient le processeur secondaire et commence à prendre des points de reprise du primaire.

L'avantage principal de cette technique de reprise est que la livraison des services continue après l'occurrence d'une défaillance dans le système.

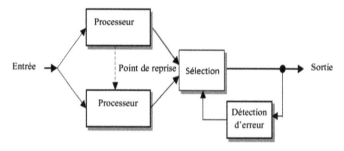

Figure 5 - Représentation logique des paires de processus -

Diversité de données :

La diversité des données consiste à s'assurer que la « surcapacité » ajoutée, défaille indépendamment du service non redondant, ce qui est dénommé comme " *l'indépendance des redondances par rapport aux processus de création et d'activation des fautes*" [37]. Elle offre donc des possibilités intéressantes d'augmenter l'efficacité du point de reprise et de la relance par l'utilisation de différentes re-expressions d'entrée sur chaque relance pour produire des résultats de sortie qui sont exactement les mêmes ou sémantiquement équivalents (figure 6) [36].

16

La re-expression de données est employée pour obtenir des alternatives (ou divers) de données d'entrée par les ensembles de l'entrée générés logiquement équivalents [36, 38,39].

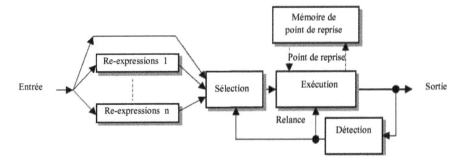

Figure 6 - Point de reprise et relance en utilisant la diversité de données (avec le modèle d'entrée re-expression) -

2.5.3.2. Techniques de Tolérance aux fautes de logiciel Multi versions :

La tolérance aux fautes multi-versions est basée sur l'utilisation de deux versions ou plus d'une pièce de logiciel, exécutée en séquence ou en parallèle.

Le raisonnement pour l'usage des versions multiples est que les composants sont établis différemment et devraient défaillir différemment [34]. Par conséquent, si une version défaille sur une entrée particulière, au moins une des versions alternatives devrait pouvoir fournir un résultat approprié.

Parmi les techniques utilisées pour la tolérance aux fautes de logiciel multi niveaux, on peut citer :

Blocs De Reprise :

Dans l'approche de bloc de reprise [40, 41], un alternant primaire du module de logiciel est employé, suivi d'un test d'acceptation qui impose une mesure de confiance sur le résultat obtenu. Si les résultats de l'alternant primaire ne satisfont pas le test d'acceptation, l'alternant secondaire est exécuté. L'état du système est roulé au dernier point de reprise (réussi) et le calcul est répété (figure 7) [37, 42]. Ce processus continue jusqu' à l'acceptation ou l'épuisement des alternatives.

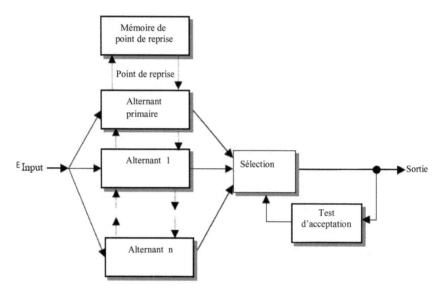

Figure 7- Modèle de bloc de reprise -

Programmation N-Versions :

Dans l'approche de la programmation N-versions, les variantes s'appellent des versions et la décision est un vote basé sur tous les résultats des versions (figure 8) [43,44].

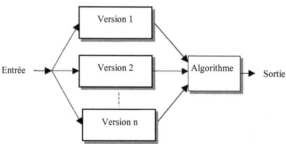

Figure 8- Le modèle de programmation N-version -

Programmation à N contrôles automatiques :

La programmation à N contrôles automatiques de est l'utilisation du multiple versions de logiciel combinées avec des variations structurales des blocs de reprise et de la programmation N-versions. La programmation à N contrôles automatiques utilise des tests d'acceptation comme il est montré sur la figure 9 [27, 45, 46]. La sortie est prise de la version de haut du rang qui réussit son test d'acceptation.

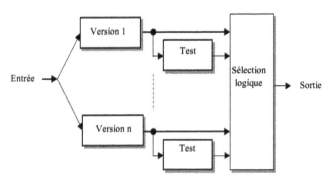

Figure 9- La programmation à N contrôles automatiques en utilisant le test d'acceptation-

La programmation de N contrôles automatiques utilise la comparaison pour la détection des erreurs (figure 10) [27, 45, 46]. Semblable à la programmation N-Version, ce modèle a l'avantage d'utiliser un algorithme de décision indépendant de l'application pour choisir un résultat correct.

19

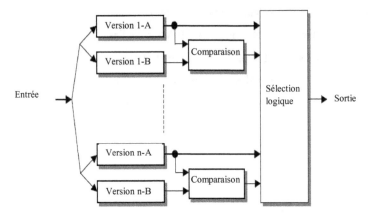

Figure 10- La programmation à N contrôles automatiques en utilisant la comparaison-

Blocs de reprise de consensus :

L'approche des blocs de reprise de consensus (figure 11) [47, 48] combine les deux approches de la programmation N-Version et des blocs de reprise.

Le système exécute N versions sur la même entrée. Les exécutions peuvent être en série ou en parallèle. Puis, un vote est essayé sur les résultats retournés. Le vote peut choisir le résultat correct, comme il peut échouer par une erreur de décision en choisissant un résultat incorrect comme une réponse correcte.

Si le module de vote ne peut pas prendre une décision, le système retourne dans ce cas au bloc de reprise.

Le bloc de reprise teste chaque résultat. Il accepte le premier résultat après le test d'acceptation. La reprise est réussie si le résultat accepté est correct. Il échoue si un résultat incorrect est accepté comme réponse correcte. Le système échoue également si les N résultats ne passent pas le test d'acceptation.

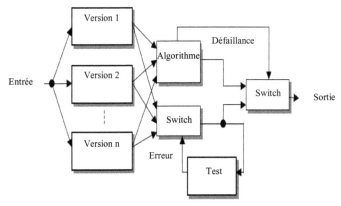

Figure 11- Blocs de reprise de consensus-

Programmation de $t/(n-1)$ -variant :

La programmation de $t/(n-1)$-variant est proposée par Xu et Randell [49]. La différence principale entre cette approche et celle mentionnée précédemment est dans le mécanisme utilisé pour choisir la sortie à partir des multiples variantes.

La conception de la logique de sélection est basée sur la théorie de diagnostic de fautes au niveau système. Fondamentalement, une architecture de la programmation de $t/(n-1)$-variant consiste en n variantes et utilise $t/(n-1)$ mesures de diagnostic pour isoler les unités défectueuses dans un sous-ensemble de taille au plus $(n-1)$ en supposant qu'il existe t unités défectueuses au plus [49]. Ainsi, au moins une unité non défectueuse existe telle que sa sortie soit correcte et peut être utilisée comme résultat de calcul.

2.5.4. La tolérance aux fautes de matériel :

Dans ce cas, la tolérance aux fautes est réalisée par l'utilisation de la redondance dans le matériel, le logiciel, l'information, ou le domaine de temps [50].

21

Les bons exemples de la redondance de domaine de l'information pour la tolérance aux fautes de matériel sont la détection des erreurs et la correction des codes [18, 24].

La redondance de matériel peut être mise en application dans des configurations statiques, dynamiques ou hybrides [51].

2.5.4.1. Techniques de redondance statique (ou passive) :

Les techniques de redondance statique n'effectuent explicitement aucune action réactive à contrôler les erreurs, mais travaillent plutôt sur le masquage des fautes pour empêcher simplement la propagation des erreurs.

Exemple de technique de redondance statique :

Dans N-redondances modulaires, $N(N \succ 2)$ copies du système initial (respectivement circuit) sont placées en parallèle et un circuit de vote majoritaire assure la sortie des copies [9].

Un exemple bien connu de la redondance N-modulaire appliqué au niveau de système est le TMR-System (Système Redondant Modulaire Triple). Dans un système TMR (figure 12) [9], le système original est triplé (c.-à-d., N = 3). Les résultats sont comparés et s'il existe un résultat différent des deux autres, il sera masqué.

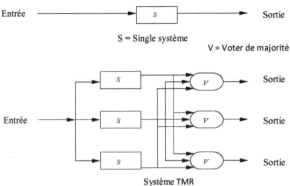

Figure 12- Représentation schématique d'un système TMR-

2.5.4.2. Techniques de redondance dynamique (ou active) :

Emploient la détection de fautes suivie de diagnostic et de reconfiguration. Le masquage n'est pas employé dans la redondance dynamique et des erreurs sont manipulées par l'activation de diagnostic de la propagation d'erreur et l'isolement ou le remplacement des composants défectueux.

Exemple de technique de redondance dynamique :

La figure 13 montre une approche de redondance active. Dans la duplication avec la comparaison, la détection d'erreur est réalisée en comparant les sorties de deux modules exécutant la même fonction. Si les sorties des modules sont en désaccord, une condition d'erreur est augmentée d'un diagnostic et de réparation d'actions pour renvoyer le système à l'opération.

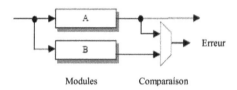

Figure 13 - Redondance dynamique en utilisant duplication avec comparaison-

2.5.4.3. Techniques de redondance hybride:

Les techniques de redondance hybride combinent des éléments de redondances statique et dynamique. Dans ces techniques, le masquage est employé pour empêcher la propagation des erreurs et la détection des erreurs tandis que le diagnostic et la reconfiguration sont employés pour manipuler les composants défectueux.

Exemple de technique de redondance hybride :

Le système sur la figure 14 utilise un ensemble de modules primaires pour fournir des entrées au voter qui implémente le masquage d'erreur. Simultanément, un composant de détection des erreurs surveille les sorties des modules. Quand une

23

erreur est détectée, le module défectueux est pris en différé pour le diagnostic et un module est appelé à participer à la configuration masquant l'erreur.

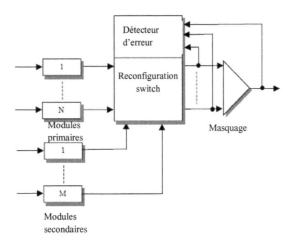

Figure 14- Redondance hybride en utilisant la redondance de N - module avec des modules secondaires-

2.5.5. Algorithmes de sélection de sortie :

Le développement des algorithmes de sélection de sortie devrait considérer les conséquences de la sélection de sortie incorrecte en termes d'application critique en fonction de la sûreté, la fiabilité et la disponibilité [27].

Pour les applications où la sûreté est un souci principal, il est important que l'algorithme de sélection de la sortie soit capable de détecter les sorties incorrectes de versions et empêcher la propagation de mauvaises valeurs à la sortie principale. Pour ces applications, l'algorithme de sélection doit donner la capacité pour déclarer un cas d'erreur ou pour lancer une séquence sûre acceptable de sortie quand il ne peut pas réaliser une confiance élevée pour choisir un résultat correct.

Dans le cas où la disponibilité est plus importante, la sélection de sortie peut être conçue telle qu'elle produira toujours un résultat, même si elle est incorrecte.

2.6. Conclusion :

Dans un environnement exigeant une fiabilité très élevée, des méthodes de vote doivent être fournies pour donner la tolérance contre deux différents types de défaillance arbitraire : classique et non classique. Les défaillances classiques sont prises pour être des défaillances de matériel (tels que une défaillance de sonde, ou une défaillance dans une entrée d'interface d'un module). Les défaillances non classiques se relient aux défaillances résultant des erreurs telles qu'un désaccord dans des sorties de sonde et erreurs de transfert de données.

Chapitre 3

Les algorithmes de vote dans
les systèmes tolérants aux fautes

3.1. Introduction :

Le vote ou l'élection est l'un des processus le plus populaire et le plus important pour prendre une décision, non seulement dans nos activités sociales et politiques quotidiennes, mais également dans beaucoup de domaines scientifiques [52].

Les algorithmes de vote ont été suggérés pour la première fois au milieu des années 50 [53, 54]. Depuis lors, le concept de vote a été employé dans les systèmes informatiques tolérants aux fautes [55, 56, 57, 58, 59] et a été prolongé et raffiné dans beaucoup de domaines, tels par exemple :

1- Le contrôle de l'exclusion mutuelle [60].

2- La modélisation de la fiabilité des schémas de vote en considérant des erreurs des composants [61].

3- La manipulation de données imprécises ou approximatives [44].

4- La combinaison avec la redondance secours ou active [62],

5- La reconfiguration du vote avec facteur de réplique au moment de la détection de la défaillance [63],

6- Le vote sur les " signatures " numériques est obtenu à partir du calcul des états pour réduire la quantité de l'information à voter [64],

7- La modification dynamique des poids du vote basés sur des données de fiabilité [65].

Plus récemment, le vote généralisé avec les poids illégaux a été suggéré pour mettre à jour la fiabilité et l'uniformité des données enregistrées avec la réplique dans les systèmes informatiques répartis [5, 66, 67, 68, 69]. Des techniques de vote sont également utilisées pour combiner des classificateurs dans le domaine de la reconnaissance des formes [68, 70, 71, 72].

Les voters de matériel (bit-voters) calculent une fonction de majorité sur N entrées des bits [26, 73]. Plusieurs algorithmes et techniques de conception pour les voters de matériel, bien qu'aucun n'ait été implémenté [74, 75, 76] ont été développés dans la littérature.

3.2. Fonctionnalité générale d'un voter :

En général, tous les voters opèrent d'une façon semblable (figure 15) [77]. Une fois que le voter est appelé, il initialise quelques variables ou attributs. Un indicateur du statut du voter est généralement placé.

Le voter reçoit les variantes des résultats comme entrées et applique un algorithme d'adjudication (algorithme de vote) pour déterminer le résultat correct ou jugé.Si le voter ne détermine pas un résultat correct, l'indicateur sera placé pour indiquer ce fait. Autrement, l'indicateur signalera le succès. Le résultat correct et l'indicateur sont alors retournés à la méthode qui a appelé le voter.

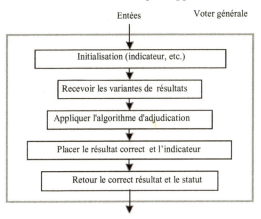

Figure 15- Fonctionnalité générale de voter-

3.3. Classification des algorithmes de vote :

Un algorithme de vote [53, 78, 79] indique comment le résultat de vote est obtenu à partir des données d'entrées. L'unité de vote doit être référée comme voter.

Les sorties des modules (ou variantes) redondantes fournissent les entrées du voter [80].

Les algorithmes de vote peuvent être groupés selon divers points de vue [81]. Ils peuvent être classifiés selon :

3.3.1. *Le nombre de voters (statiques ou dynamiques) :*

Les algorithmes de vote sont statiques ou dynamiques. Les algorithmes de vote statiques [82, 83] sont caractérisés par la propriété que le nombre de votes assigné à chaque copie et le nombre de votes requis à approuver une opération d'entré/sortie est fixe. Le nombre de votes requis à approuver une opération d'entrée/sortie peut être une majorité simple ou un quorum.

Les algorithmes de vote dynamiques [84, 59] sont caractérisés par la propriété que le nombre de votes assigné à chaque copie change et la taille du quorum est ajustée en réponse aux défaillances.

3.3.2. *La méthode d'implémentation (voter logiciel ou matériel) :*

Le vote de bas niveau (au niveau du bit) avec la haute fréquence exige un voter de matériel tandis que le vote à un niveau élevé sur les résultats des calculs complexes peut mieux être exécuté dans le logiciel [11, 53].

La flexibilité du logiciel permet un large ensemble de méthodes de vote. L'inconvénient du voter de logiciel est que le vote peut avoir besoin de plus de temps dans l'exécution, simplement parce que le processeur ne peut pas exécuter des instructions aussi rapidement qu'un voter de matériel dédié.

Selon le volume de données, la fréquence de l'entrée et les conditions d'exécution (par exemple, la vitesse à laquelle le vote doit être effectué), l'environnement de fonctionnement (par exemple, la disponibilité d'un processeur pour effectuer le vote), la nature du système (par exemple, la contrainte de l'espace) et le nombre de voters qui doit être fourni, des schémas de matériel ou de logiciel peuvent être choisis [53].

28

3.3.3. Le type d'agreement (voter exact ou inexact) :

Le vote sur les résultats des modules redondants avec des valeurs discrètes est référé comme un vote exact. Dans le vote exact, l'accord signifie que les résultats redondants sont exactement les mêmes [5]. Cependant, dans beaucoup d'applications, ces résultats peuvent ne pas être complètement identiques (le vote exact sur les résultats des modules redondants avec le nombre réel n'est pas approprié).

Alors que dans le vote inexact, l'accord signifie que les résultats multiples ne sont pas exactement identiques mais leur différence de l'un à l'autre est plus petite qu'un seuil spécifique prédéfini [3, 85, 86]. Dans les voters inexacts les plus simples, une valeur de seuil fixée est employée.

Il y a eu plusieurs tentatives dans la littérature, pour formaliser, implémenter et choisir une valeur finale à partir (approximativement) des valeurs convenues d'entrée et choisir la valeur de seuil de voter inexact; voir par exemple [78, 81, 87, 88].

3.3.4. La cardinalité d'espace de résultat (espace de petite ou grande taille) :

Dans quelques applications, la cardinalité de résultat des modules redondants est finie. Par exemple, un programme redondant qui exécute un algorithme oui-non de décision, a la cardinalité deux.

En revanche, d'autres programmes d'application dans une configuration de système N-Modular Redondant peuvent avoir des espaces de sorties avec une cardinalité très grande. Chacun de ces groupes a besoin d'une stratégie de vote spécifique parce qu'un voter qui est approprié pour les modules redondants du petit espace de résultat, peut ne pas être efficace une fois utilisé avec les modules redondants d'un grand ou infini espace de résultat.

3.3.5. La nature de l'environnement de travail (voter synchrone ou asynchrone) :

Dans un environnement où les modules redondants fonctionnent synchroniquement à l'aide d'une horloge commune, le vote est une comparaison de résultat à résultat avec une complexité relativement basse [89]. Cependant, une application, dans laquelle les modules redondants fonctionnent par leurs propres horloges, exige un algorithme de vote asynchrone. De tels algorithmes sont plus complexes, en raison du biais dans les temps associés aux résultats redondants. Ces algorithmes exigent des mécanismes supplémentaires tels que les boucles d'attente ou les contrôles de synchronisation.

3.3.6. La fonctionnalité du voter :

Des voters peuvent être classés en termes de leur fonctionnalité et ceci est souvent fait de deux manières [11]: La première est basée sur le fait que le voter produit toujours un résultat, la seconde sur le chemin duquel le résultat est obtenu.

Les voters qui produisent toujours un résultat indépendamment de l'existence d'accord ou le désaccord entre les entrées redondantes font en amalgamant les entrées reçues pour produire un simple résultat, ou en choisissant une des entrées comme un résultat du voter basé sur une métrique prédéfinie. Comme exemple d'algorithme, nous citons le voter de moyenne pondérée, le voter de médiane et le voter du maximum de vraisemblance. Ce type de voter est utile dans les applications ayant besoin d'une disponibilité élevée, où un résultat doit être produit dans chaque cycle le vote.

D'autres voters produisent un résultat s'il y a un consensus entre un nombre spécifique d'entrées redondantes. Le nombre nécessaire des entrées à être d'accord diffère dans divers algorithmes de vote. Dans les cas du désaccord, le voter produit une exception, qui pousse le système vers un état sûr ou active la détection de fautes ou des mécanismes de dégradation d'exécution, ou examine l'acceptabilité de différentes entrées. Des exemples de ce type sont le voter de majorité, le voter de pluralité et le voter augmenté du maximum de vraisemblance (enhanced maximum likelihood voters).

3.4. Classification des voters basés sur leur fonctionnalité :

Parmi les méthodes de classification des voters cités précédemment, le critère de classification retenu dans ce livre est celui de fonctionnalité de voters.

Du point de vue de la fonctionnalité, les algorithmes de vote peuvent être classifiés en trois catégories principales:
- Algorithmes de vote génériques (le résultat est produit par amalgamation ou sélection);
- Algorithmes de vote hybrides (génère plus d'informations additionnelles au sujet des variantes);
- Voter sur mesure.

3.4.1. Algorithmes de vote génériques :

Les algorithmes qui arbitrent seulement entre les résultats de sorties variantes pour produire un résultat final, sont classifiés en tant que voters génériques.

Le voter peut choisir un des résultats variables ou amalgamer les résultats variables pour produire une nouvelle valeur distincte. De cette catégorie; le voter d'unanimité, de majorité, de pluralité, de médiane et de moyenne pondérée sont expliqués.

3.4.1.1. Résultat de sélection :

Des techniques de résultat de sélection doivent inclure un seuil ε (comme par exemple dans le voter de majorité), de sorte que toutes les fois que deux sorties agréent, ils soient considérés comme la même sortie. Si une majorité de sorties est la même selon cette définition, on peut choisir n'importe laquelle des sorties de majorité comme la sortie de la structure de N-versions.

Parmi les algorithmes de vote utilisant la sélection de résultat pour produire un résultat on peut citer :

Voter d'unanimité :

Le voter d'unanimité produit un résultat où tous les résultats variants sont d'accord. Le voter unanimité peut être employé dans les applications où l'atteinte d'accord sur tous les résultats variants est strictement nécessaire. Ce voter ne masque aucune faute. La technique du voter d'unanimité peut être grave en conséquence pour le système [11].

L'algorithme du voter d'unanimité :

1- Soit $A = \{x_1,...,x_N\}$, l'ensemble de N sorties produites par les N- versions pour un seul cas d'entrée.

2- Construire une partition $v_1,...,v_k$ de A, avec respect de la propriété dans laquelle pour chaque x, y dans v_i : $d(x,y) \le \varepsilon$

3- Soit v cet ensemble dans la partition $v_1,...,v_k$ de la plus grande cardinalité

Si $|v| = N$ **alors** choisir arbitrairement n'importe quelle sortie de v comme la sortie des N-versions.

Le voter de majorité :

L'algorithme de vote le plus utilisé est celui basé sur la technique connue sous le nom de consensus ou de vote de majorité [85, 90]. Il Produit un résultat parmi N variantes de résultats où au moins $[(n+1)/2]$ variantes des résultats agréent. Dans les cas sans majorité, le voter produit un indicateur d'exception, qui peut détecter l'état érroné du système.

L'algorithme de voter de majorité :

1. Soit $A = \{x_1,...,x_N\}$, l'ensemble de N sorties produites par les N- versions pour un seul cas d'entrée.

2. Construire une partition $v_1,...,v_k$ de A, où pour chaque i l'ensemble v_i est maximal, avec respect de la propriété dans laquelle pour chaque x,y dans v_i :
$$d(x,y) \le \varepsilon$$

3. Soit v cet ensemble dans la partition $v_1,...,v_k$ de la plus grande cardinalité

4. **Si** $|v| \ge (N+1)\big/2$ **alors** choisir arbitrairement n'importe quelle sortie de v comme la sortie des N-versions

Un algorithme particulier pour exécuter la construction de l'étape (1) est donné ci-après:

1- Choisir n'importe quel élément x de A

2- Soit $S = \{x\}$

3- Choisir y dans $A - S$

4- **Si** $d(x,y) \le \varepsilon$ pour tous z dans S, **alors** $S = S \cup \{y\}$

5- **Répétez** (3) et (4) **jusqu'**à ce que aucun nouvel élément ne soit ajouté à S

6- Remplacer A par $A - S$. Renommer S. **Si** A est vide **alors stop, sinon aller** à l'étape (1)

Le voter de pluralité :

Le voter de pluralité est la forme améliorée du voter de majorité. Il a normalement un nombre impair de variantes.

L'algorithme de voter de pluralité :

1- Soit $A = \{x_1,...,x_N\}$, l'ensemble des N sorties produites par les N- versions pour un seul cas d'entrée.

2- Construire une partition $v_1,...,v_k$ de A, où pour chaque i l'ensemble v_i est maximal, avec respect de la propriété dans laquelle pour chaque x, y dans v_i :

$d(x, y) \leq \varepsilon$

3- S'il existe un ensemble v_a de $v_1,...,v_k$ tel que $|v_a| \succ |v_i|$ pour n'importe quel $v_i \neq v_a$, **alors** choisir aléatoirement un élément à partir de v_a comme la sortie du voter.

Le voter de vecteur :

Gersting dans [91, 92] a proposé des algorithmes de vote exacts pour arbitrer entre les vecteurs redondants des valeurs fournies par des variantes (vote de vecteur).Un vecteur se compose de champs séparés où chacun est une valeur seule dénotant une caractéristique spécifique de l'application fondamentale.

L'action de vote est effectuée sur les champs correspondants (des vecteurs) des variantes des résultats redondants, un par un.

Le voter de médiane :

le voter de médiane est un algorithme de sélection de mid-value. Cet algorithme renvoie un résultat en calculant la mi-valeur des entrées du voter.

Dans cette méthode, une valeur moyenne est choisie parmi l'ensemble des N sorties en localisant systématiquement ses sorties qui diffèrent d'une grande quantité et en éliminant ces dernières considérations (sorties).

Algorithme de voter de médiane:

1- Soit $S = \{x_1,...,x_N\}$

2- Calculer $d(x_i, x_j)$ toutes les paires x_i, x_j dans S où $i \neq j$

3- Determiner les sorties x, y dans S tel que $d(x, y) \geq d(x_i, x_j)$ pour toutes les paires x_i, x_j dans S

4- Soit $S = S - \{x, y\}$

5- **Si** $|S| = 1$ **alors** $S = \{x\}$ pour une sortie x (donc x devient la sortie N-version)

Sinon, aller à l'étape 2.

3.4.1.2. Voter d'amalgamation de résultats :

Parmi les algorithmes de vote utilisant l'amalgamation pour produire un résultat, on a :

Le voter de moyenne :

La sortie du *voter de moyenne* est la moyenne de ses résultats variables. Ce voter est habituellement employé comme voter de sortie d'un système prolongé de TMR (triple modular redondant). Dans un tel système, le vote ne fournit pas un seul point de défaillance, chaque module a son propre voter, et les valeurs votées pour chaque module sont alors encore ramenées à une moyenne.

L'algorithme de voter de moyenne :

1- Soit $x_1, ..., x_N$ les entrées de voter et y sa sortie.

2- Définir un nouvel élément de X par :

$$X = \sum_{i=1}^{m} x_i \Big/ N$$

Voter de moyenne pondérée :

Le voter de moyenne pondérée avec N entrées calcule la moyenne pondérée des résultats de module dans n'importe quel cycle de vote. Un facteur pondérant, w_i est assigné à n'importe quelle entrée x_i et la sortie finale y est calculée en tant que $y =$ *Les poids peuvent être prédéterminés ou peuvent être ajustés dynamiquement.*

Trois stratégies ont été suggérées pour calculer les poids [93]. Dans *la premiére méthode,* les poids peuvent être basés sur des évaluations a priori de la fiabilité des modules ou sur la probabilité a priori de défaillance des modules redondants [90, 94]. Dans *la deuxième méthode,* les poids sont basés sur les distances entre les résultats de modules $d_{ij} = |x_i - x_j| : i, j = 1,..., N$ et $i \neq j$ [95]. Dans *la troisième méthode,* présentée dans [94], l'enregistrement historique des modules est employé pour ajuster des poids. À tout moment, l'enregistrement historique d'un module donné indique le nombre de sa contribution au consensus avec d'autres modules dans un laps de temps.

L'algorithme du voter de moyenne pondérée :

3- Soit $x_1,...,x_N$ les entrées du voter et y sa sortie.

4- soit $w_1,...,w_N$ les poids, avec :

$$\sum_{i=1}^{N} w_i = 1$$

5- Définir un nouvel élément de X par:

$$X = \sum_{i=1}^{N} w_i x_i$$

Le poids w_i peut être calculé dynamiquement, comme par exemple pour le voter de vecteur où les poids sont donnés par:

$$w_i = \left[1 + \bigcap_{\substack{j=1 \\ j \neq i}}^{N} \frac{d^2(x_j, x_i)}{a^2} \right]^{-1}$$ et a est une constante fixée pour la mesure.

3.4.2. *Algorithmes de vote hybrides :*

Un groupe de voters qui diffère des voters génériques, utilise l'information supplémentaire comme le niveau de fiabilité des variantes, ou de la diverse information probabiliste pour améliorer l'exécution du vote [96, 97]. Si une telle information existe, ces voters peuvent produire une sortie plus précise. De ce groupe, les voters optimaux, les voters de maximum de vraisemblance et les voters flous sont brièvement expliqués.

3.4.2.1. Algorithmes de vote supplémentaire probabiliste et information heuristique sur des variantes:

Parmi les algorithmes de vote supplémentaire probabiliste avec information heuristique sur des variantes, on distingue :

Le vote optimal :

Dans [98], une classe de techniques de vote optimal a été présentée. Chaque module produit une valeur simple hors d'un ensemble (connu) de valeurs possibles. Pendant chaque exécution du système, le voter optimal choisit la valeur qui est la plus susceptible d'être correcte. Pour exécuter ce choix, il emploie

- La probabilité a priori de l'occurrence pour chaque valeur.
- La probabilité a priori que la valeur est produite par un module défectueux.
- La probabilité de défaillance de module.

Le vote de maximum de vraisemblance :

Dans [99, 100] un vote de maximum de vraisemblance (MLV) a été présenté pour le logiciel de multi-versions avec l'espace fini de sortie, sous l'hypothèse de l'indépendance des défaillances. Pour estimer un résultat correct, MLV emploie la fiabilité de chaque module du logiciel et détermine le résultat de module le plus susceptible d'être correct.

3.4.2.2. Algorithmes de vote incorporant la prévision et le smoothing :

Dans ce qui suit, nous allons donner quelques exemples d'algorithmes de vote utilisant la prévision et le smoothing.

Algorithmes de vote incorporant la prévision :

Les applications embarquées de contrôle sont typiquement des systèmes cycliques dans lesquels il existe une certaine relation entre le résultat dans un cycle et le résultat dans le prochain. La connaissance de cette relation entre les résultats successifs est employée dans le voter prédictif [101] pour produire des résultats dans le cas du désaccord.

Un historique des résultats précédents du voter est employé pour produire une valeur prévue de résultat où le désaccord est détecté. Le résultat prévu est comparé à chacun des résultats variables afin de faire une sélection. Toute variante de résultat, qui a une distance de la valeur de résultat prévue moins que le seuil de prévision prédéfinie, peut être choisie comme la sortie du voter.

Différentes méthodes de prévision ont été employées dans l'implémentation de ces voters [102, 103]. Le voter Linéaire-Prédicteur emploie les deux résultats précédents du voter pour prévoir une valeur prévue alors que le voter préenregistreur/correcteur prend les trois résultats précédents du voter pour produire une valeur prévue.

Algorithmes de vote smoothing :

Le voter smoothing [88] prolonge le voter de majorité par l'ajout d'un test d'acceptation, qui est basé sur l'hypothèse qu'une discontinuité excessive entre les variantes consécutives des résultats est une indication d'une erreur.

Dans le voter smoothing, quand il n'y a aucun accord entre la variante des résultats, le résultat le plus proche de la sortie précédent du voter est choisi comme la sortie probable pour ce cycle.

Si la distance mesurée est plus petite qu'une valeur prédéfinie appelée seuil de smoothing, alors, ce résultat, est pris comme la sortie du voter ; autrement le voter ne produit pas de réponse.

Le choix d'une valeur pour le seuil de smoothing de ce voter est critique. Bien que des valeurs arbitraires peuvent être employées pour améliorer l'exécution, l'amélioration d'exécution sera obtenue si des informations sur la probable taille de discontinuité des résultats consécutifs du système pendant son temps de mission est disponible.

L'algorithme de vote smoothing :

1- Soit $A = \{d_1,...,d_N\}$; un ensemble de N entrées du voter.

2- Soit $AS = \{x_1,...,x_N\}$ sortie de A (avec ordre croissant)

3- Soient les partitions : $V_j = \{x_j, x_{j+1}...,x_{j+m-1}\}$, $j = 1..m,$ $m = \dfrac{(N+1)}{2}$

4- Si au moins un des V_j satisfait la propriété $d(x_j, x_{j+m-1}) \leq \varepsilon$, alors la majorité est satisfaite et la sortie est produite (ε le seuil du voter)

5-Si aucune des partitions ne satisfait la contrainte, alors on détermine la sortie x_k telle que: $d(x_k, x) = \min\{d(x_1, x),...,d(x_n, x)\}$ où x est le précédent résultat réussi du voter

6- Si $d(x_k, x) \leq \beta$ alors x_k est choisi comme une sortie du voter autrement, aucun résultat n'est choisi (β seuil de smoothing)

3.4.2.3. Algorithmes de vote supplémentaire avec l'information diagnostiquée sur des variantes:

Dans [93, 104], les avantages de l'intégration des algorithmes de vote et des éléments d'auto-diagnostic dans une configuration d'un système redondant de triple modulaire sont donnés.

Il a été montré que l'utilisation appropriée de l'information de diagnostic dans un système masquant des fautes permet au voter de choisir des résultats plus corrects que le vote sur des valeurs de résultat d'éléments seuls .Trois catégories générales de voters intégrés ont été proposés.

Algorithmes de voter floue :

Le voter floue emploie la logique floue pour produire les poids requis pour calculer un résultat du voter de moyenne pondérée. La figure 16 montre la structure de base de trois entrées du voter flou [5].

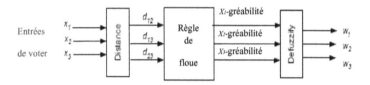

Figure 16- la structure de base de trois entrées de voter floue-

L'algorithme du voter floue :

1- calculer la différence floue d'une paire d'entrées

2- Définir l'agréabilité floue de chaque entrée

3- Définir l'ensemble des règles floues

4- Définir l'agréabilité floue de Defuzzification pour les valeurs de poids d'entrées

5- Calculer la sortie du voter pondéré

Chacune de ces étapes de l'algorithme du voter flou sera détaillée dans le chapitre suivant.

3.4.3. Voters bases sur des mesures :

La troisième catégorie inclut les voters basés sur des mesures, qui sont conçus pour des applications particulières, comme par exemple la navette spatiale (space shuttle). Le voter de négociation en étapes et le voter expédient ainsi que le voter de 2:3-manières sont brièvement expliqués dans que ce suit :

Le voter de négociation en étapes :

Le voter de négociation en étapes [86] combine les avantages de la majorité et des systèmes redondants de secours; il se comporte comme un voter de majorité si le nombre des sous-ensembles restants est suffisant pour le vote de majorité; mais si le nombre de sous-ensembles restants devient insuffisant, il dégrade à un système de secours.

Le voter expédient :

Le voter expédient [105] est une tentative pour améliorer l'exécution de synchronisation d'une N-versions, à un système logiciel de plusieurs étages. Dans un tel système, chaque version n'est pas considérée comme une unité monolithique. Au lieu de cela, elle est subdivisée en composants (segments) et le voter expédient produit un résultat à chaque étape dès que les résultats pour un nombre suffisant de composants pour cette étape est disponible. Le temps d'exécution est donc moins que pour le cas où le voter devait attendre tous les composants pour produire leurs résultats avant que le vote ne commence.

Le voter de 2:3-manières

Le voter de 2:3-manières [106] qui a été employé dans le système d'exploitation multicomputer de l'espace borné commun, fournit une manière simple pour l'accélération du vote. Ce voter débutera le vote dès que deux des trois processus repliés aient produit des résultats. Si l'accord est trouvé, le voter produit un résultat, quoique la troisième entrée n'est pas encore arrivée. Dans le cas de désaccord entre les deux entrées reçues, le voter attend pour recevoir la troisième entrée.

3.5. Conclusion :

La redondance est exigée pour réaliser la fiabilité rigoureuse, dépendre de contraintes de disponibilité ou de sûreté sur l'application spécifique. La redondance peut inclure redondance de l'information (par exemple, par des techniques de

41

codage), redondance temporelle (par exemple, nouvelle tentative) ou redondance de ressource (par des sous-ensembles redondants appelés "variantes"). Une approche pour l'arbitrage entre les variantes est l'utilisation des algorithmes de vote. Ces algorithmes recherchent pour masquer des résultats incorrects (en acceptant comme correct le résultat produit par une majorité de variantes. Une étude comparative d'un certain nombre de ces algorithmes est réalisée dans le chapitre suivant.

Chapitre 4
Etude comparative des algorithmes de vote

4.1. Introduction :

Les résultats d'une évaluation expérimentale de quatre algorithmes de vote dans des scénarios variété d'erreur simulée sont rapportés dans ce chapitre. Une approche erreur-injection de logiciel est employée pour simuler des erreurs multiples dans une configuration de triple modulaire redondant.

4.2. Comparaison des performances des algorithmes de vote

La comparaison des performances des algorithmes de vote est basée sur l'utilisation des sorties correctes, incorrectes et bénignes et sur la détermination de la disponibilité des sorties, de leur sûreté et de leur fiabilité ou du coût lié à l'implémentation.

4.2.1. Structure de test de Harnais :

Dans le but d'effectuer une comparaison entre les performances des divers algorithmes de vote choisis auparavant, un système TMR (Triple Modular Redundant) est simulé en utilisant le test d'Harnais

Le test de Harnais (figure 17) [5] comporte un générateur de données d'entrée, un duplicateur, trois saboteurs (pour injecter des erreurs aux données d'entrée repliées), un voter et un comparateur.

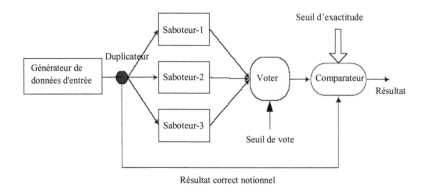

Figure 17 -Le harnais expérimental-

Le générateur d'entrée produit un résultat correct notionnel dans chaque cycle de test. Cette séquence de nombres simule des sorties correctes identiques produites par les modules redondants.

Les saboteurs peuvent être individuellement programmés pour présenter des erreurs de module, selon des distributions aléatoires choisies. Dans un ensemble donné de test, un, deux ou trois saboteurs peuvent être activés pour simuler les erreurs de sortie de module sur les entrées du voter. Les sorties de tous les saboteurs sont soumises au voter examiné.

La sortie du voter est comparée avec la valeur du résultat correct notionnel de cycle au moyen du comparateur.

4.2.2. Hypothèses :

Notre étude expérimentale est basée sur les hypothèses et les terminologies suivantes :

1- Tous les voters exécutent correctement.

2- A n'importe quel cycle du vote "le résultat correct notionnel " est connu

3- Les fautes causant les erreurs apparaissent au voter comme des valeurs numériques d'entrée perturbées par des quantités variables;

44

4- Un comparateur est employé pour vérifier l'accord entre le résultat correct notionnel et la sortie du voter à n'importe quel cycle de vote

5- Un seuil du voter est employé pour définir une distance maximale entre deux entrées variables distinctes afin d'aboutir à un accord dans le voter de majorité inexacte.

6- Un seuil d'exactitude est employé pour déterminer si la distance entre le résultat correct notionnel et la sortie du voter est dans des limites acceptables.

7- Une sortie est correcte si la distance entre le résultat correct notionnel et sa valeur est inférieure ou égale au seuil d'exactitude (proche du résultat correct notionnel).

8- Une sortie est incorrecte si la distance entre le résultat correct notionnel et sa valeur est supérieure au même seuil d'exactitude (loin du résultat correct notionnel).

9- Une réponse bénigne est une sortie distinguée qui rapporte qu'aucune valeur ne pourrait être sûrement produite. Les sorties bénignes se produisent quand le voter ne peut pas arbitrer entre ses entrées pour donner une sortie, comme dans le cas où il y a un désaccord complet entre toutes les paires d'entrées.

4.2.3. Paramètres d'environnement :

Les performances du voter dépendent de plusieurs spécifications de ce dernier et des paramètres d'environnement.

Les paramètres utilisés pour cette étude sont :

- la valeur de seuil d'exactitude $\varepsilon = 0.5$

- pour le voter de majorité inexacte, la valeur de seuil de voter est égale à 0.5

- les entrées sont perturbées avec des erreurs à l'aide d'un générateur aléatoire ayant une distribution uniforme sur $[-e_{max} .. + e_{max}]$.

- pour le voter de moyenne pondérée, les poids sont déterminés de manière que l'entrée qui a une grande erreur ait un petit poids. Pour le cas d'erreurs multiples dans la première expérience, nous prenons les poids suivants : $w_1 = 0.5$, $w_2 = 0.3$, $w_3 = 0.2$

- pour le voter flou, les paramètres suivants sont employés :
$p = 0.5$, $q = 0.75$, $r = 1.0$, $u = 0.25$, $v = 0.5$, $w = 0.75$

4.2.4. Mesure des performances :

Basée sur la distance numérique entre une sortie du voter et le résultat correct notionnel correspondant, n'importe quelle valeur de sortie d'un voter peut être interprétée comme une sortie correcte, incorrecte ou bénigne.

Pour chaque voter, les sorties de N cycles de vote, sont classifiées comme suit :

1. n_c sorties correctes

2. n_{ic} sorties incorrectes

3. n_d sorties bénignes

Ces données sont alors employées pour comparer les voters. Un nombre de mesures de performances peut être défini pour ce but.

On peut définir le rapport des sorties correctes du voter au nombre d'actions de vote, $A = {n_c}/{N}$, comme une mesure de disponibilité (elle représente la capacité qu'un voter produise un résultat correct). Idéalement $A = 1$.

Le taux ${n_{ic}}/{N}$ est une mesure de sorties catastrophiques. D'un point de vue de sûreté, la plus basse valeur de ce rapport (le nombre le plus petit de sorties incorrectes) est désirable. Ainsi, il peut être utilisé comme une mesure de sûreté du système. Cependant, pour l'uniformité avec la mesure de disponibilité, on définit $S = \left(1 - {n_{ic}}/{N}\right)$ comme critère de sûreté, et idéalement $S = 1$.

On peut définir le rapport des sorties correctes et incorrectes du voter au nombre des actions de vote, $R = \frac{n_c + n_{ic}}{N}$, comme une mesure de fiabilité (il représente la capacité d'un voter de produire un résultat). Idéalement $R = 1$.

D'autres mesures (sélectivité de désagrément) peuvent également être définies et employéesDans ce mémoire, nous étudions seulement les mesures de performance relatives à la sûreté, la fiabilité et la disponibilité.

4.3. Résultats de comparaison :

Dans ce qui suit, nous allons donner les résultats obtenus après simulation de quatre algorithmes de vote : le voter de majorité inexacte, le voter de médiane, le voter de moyenne pondérée et le voter flou, de points de vue de sûreté, de fiabilité et de disponibilité. Ainsi, nous montrons l'impact du changement de quelques variables floues du voter flou et de seuil d'exactitude sur ces performances. Nous présentons aussi une étude comparative de ces voters en utilisant des sorties correctes, incorrectes et bénignes, tout en considérant différents cas :

4.3.1. Perturbation d'une seule entrée (erreur unique):

Dans ce cas, nous perturbons seulement une entrée de chaque voter.

4.3.1.1. Expérience n° 1 :

Dans cette expérience, le nombre de sorties correctes, incorrectes (catastrophiques) et bénignes est présenté et employé pour comparer le comportement des quatre algorithmes en 10000 cycles de vote.

	Nombre de cycles	e_{max}	Majorité Inexacte	Médiane	Moyenne pondérée	Flou
Correctes	10000	1	10000	10000	10000	10000
	10000	10	10000	10000	10000	10000
Incorrectes	10000	1	0	0	0	0
	10000	10	0	0	0	0
Bénignes	10000	1	0	0	0	0
	10000	10	0	0	0	0

Tableau 1- Les différents résultats des voters avec une seule erreur pendant 10000 cycles-

Dans le tableau 1, chaque algorithme a été testé avec des erreurs petites ($e_{max} \leq 1.1$) et larges ($e_{max} \succ 1.1$) activées sur une seule entrée. Ces erreurs sont masquées par les algorithmes qui produisaient seulement des sorties correctes (tableau 1). En d'autres mots, la sortie des voters a été choisie à la base des deux résultats corrects. Cependant, l'intérêt est focalisé ici sur les cas où plus d'une entrée ont été perturbées.

4.3.2. *Perturbation de plusieurs entrées (erreurs multiples):*

Dans ce cas, nous perturbons plus d'une entrée pour chaque voter.

4.3.2.1. *Expérience n° 1 :*

Dans ce cas, nous allons comparer les résultats obtenus en utilisant seulement la nature des sorties.

Comparaison des résultats (cas 1):

Le tableau 2, montre les sorties du voter flou et des voters de majorité inexacte, de médiane et de moyenne pondéré, tel que, nous considérons dans cette exécution 14 cycles indépendants. Dans ces cas, la sortie notionnelle correcte est supposée égale à

1. La première entrée des voters est soumise à de petites erreurs tandis que les deux autres entrées sont soumises à de grandes erreurs.

Cycle	Les entrées du voter	Le voter de majorité	Le voter de médiane	Le voter de moyenne pondérée	Le voter flou
1	[1 1.1 1.3]	1.1	1.1	1.09	1.13
2	[1 1.2 1.6]	1.2	1.2	1.18	1.2
3	[1 1.4 10]	1.4	1.4	2.92	1.2
4	[1 1.2 1.8]	1.2	1.2	1.22	1.29
5	[1 1.5 1.8]	1.5	1.5	1.31	1.44
6	[1 1.6 1.8]	1.6	1.6	1.34	1.5
7	[1.2 1.7 2.2]	1.7	1.7	1.55	1.7
8	[1.2 1.7 2.5]	1.7	1.7	1.61	1.45
9	[1.2 1.8 2.5]	——	1.8	1.63	1.7
10	[1 1.75 2.5]	——	1.75	1.52	1.75
11	[1 18 3]	——	3	6.5	——
12	[1 16 20]	——	16	9.3	——
13	[1 1.7 15]	——	1.7	4.01	1.35
14	[1.1 1.7 30]	——	1.7	7.05	1.4

Tableau 2- les résultats des voters -

Le voter flou comparé au voter de majorité inexacte :

D'après le tableau 2, les résultats d'exécution du voter de majorité inexacte et du voter flou peuvent être décomposés comme suit :

1- Dans les cas 1-5 :

Les deux voters ont des sorties de nature semblable.

2- Dans les cas 6 et 8 :

Le voter de majorité inexacte produit des sorties incorrectes (parce qu'il choisit la valeur fausse à partir de l'ensemble des valeurs agréés) tandis que le voter flou donne des sorties correctes.

3- Dans le cas 7 :

Les deux voters produisent des sorties incorrectes.

4- Dans les cas 9 et 10 :

Le voter de majorité inexacte ne donne aucune sortie mais le voter flou produit une sortie incorrecte.

5- Dans les cas 11 et 12 :

Les deux voters ne donnent aucune sortie.

6- Dans les cas 13 et 14 :

Ce sont les cas qui simulent une défaillance claire dans deux entrées, le voter de majorité inexacte ne donne aucune sortie mais le voter flou peut produire des sorties correctes.

Conclusion

D'après les résultats obtenus ainsi que de plusieurs autres exécutions, nous arrivons aux conclusions préliminaires suivantes :

1- Quand le voter de majorité inexacte réussit à produire un résultat, correct ou incorrect, le voter flou réussit également.
2- Le voter flou réussit là où le voter de majorité inexacte échoue.

Le voter flou comparé au voter de médiane :

D'après le tableau 2, les résultats de l'exécution du voter de médiane et du voter flou peuvent être classés comme suit :

1- Dans les cas 1-5 :

Les deux voters ont des sorties de nature semblable. Dans ces cas, nous voyons aussi que la sortie produite par le voter de médiane est égale à la sortie produite par l'algorithme du voter de majorité inexacte.

2- Dans les cas 6, 8, 13 et 14 :

Le voter de médiane produit des sorties incorrectes alors que le voter flou donne des sorties correctes.

3- Dans les cas 7, 9 et 10 :

Les deux voters donnent des sorties incorrectes.

4- Dans les cas 11-12 :

Ce sont les cas qui simulent une défaillance claire dans deux entrées. Le voter flou ne donne aucune sortie alors que le voter de médiane produit des sorties catastrophiques.

Conclusion

D'après les résultats obtenus ainsi que de plusieurs autres exécutions, nous déduisons les conclusions préliminaires suivantes :

1- Quand le voter flou réussit à produire un résultat, correct ou incorrect, le voter de médiane réussit également.

2- un voter de médiane produit un résultat correct s'il y a $(N-1)/2$ entrées défectueuses au maximum alors que le voter flou peut produire des résultats corrects en présence de plus de $(N-1)/2$ entrées défectueuses.

3- Le voter de médiane peut produire des résultats catastrophiques dans le cas de désaccord à cause des grandes erreurs des entrées tandis que le voter flou peut ne donner aucuns résultat.

Le voter flou comparé au voter de moyenne pondérée :

D'après le tableau 2, les résultats de l'exécution du voter de moyenne pondérée et du voter flou peuvent être décomposés comme suit :

1- Dans les cas 1, 2, 4, 5 et 6 :

Les deux voters ont des sorties correctes.

2- Dans les cas 7, 9 et 10 :

Les deux voters produisent des sorties incorrectes.

3- Dans les cas 11 et 12 :

Ce sont les cas qui simulent une défaillance claire dans deux entrées. Le voter flou ne donne aucune sortie, alors que le voter de moyenne pondérée produit des sorties catastrophiques.

4- Dans les cas 3, 8, 13 et 14 :

Le voter flou donne des sorties corrects, alors que le voter de moyenne pondérée produit des sorties catastrophiques.

Conclusion

L'observation des résultats obtenus, nous mène aux conclusions préliminaires suivantes :

1- Quand le voter flou réussit à produire un résultat, correct ou incorrect, le voter de moyenne pondérée réussit également.

2- Le voter de moyenne pondérée peut produire des résultats catastrophiques dans le cas de désaccord à cause des grandes erreurs des entrées, alors que le voter flou peut donner des résultats corrects.

Comparaison des résultats (cas 2) :

Pour voir le pourcentage des sorties du voter flou qui sont correctes, incorrectes ou bénignes par rapport aux autres voters, nous avons rassemblé les sorties de 1000 cycles de vote des quatre voters.

Le voter flou comparé au voter de majorité inexacte :

Sur le tableau 3, $n_d(Maj)$, $n_c(Maj)$ et $n_{lc}(Maj)$ représentent respectivement le nombre des sorties bénignes, correctes et incorrectes du voter de majorité inexacte. $n_d(flou)$, $n_c(flou)$ et $n_{lc}(flou)$ représentent respectivement le nombre des sorties bénignes, correctes et incorrectes du voter flou.

Nombre de cycles	e_{max}	$n_c(Maj)$	$n_{lc}(Maj)$	$n_d(Maj)$	$n_c(Flou)$	$n_{lc}(Flou)$	$n_d(Flou)$
200	1	80	65	55	117	83	0
400	2	244	72	84	276	118	6
600	3	226	248	126	300	280	20
800	4	297	347	156	423	349	28
1000	5	0	0	1000	406	197	397

Tableau 3- Les différents résultats des voters de majorité et flou pendant 1000 cycles-

Le tableau 3 montre que :

1. Le nombre de sorties bénignes du voter flou est toujours inférieur à celui du voter de majorité inexacte ($n_d(flou) \leq n_d(maj)$). Ceci signifie que :
   - le voter de majorité inexacte ne peut pas manipuler quelques cas d'erreurs multiples et ne peut donner des sorties correctes.
   - cependant, le voter flou est capable de manipuler plus de cas d'erreurs multiples que le voter de majorité inexacte.

2. Dans les cas de hauts bruits où le voter flou produit des sorties non bénignes (correctes et incorrectes) , le nombre de sorties correctes est toujours supérieur à celui des sorties incorrectes $n_c(\text{flou}) \succ n_{ic}(\text{flou})$.

3. Le voter flou peut produire plus de sorties correctes que le voter de majorité inexacte ($n_c(\text{flou}) \succ n_c(\text{Maj})$).

Le tableau 3 montre que, lorsque $e_{max} = 5$, le voter de majorité inexacte produit 1000 sorties bénignes, en 1000 cycles pendant que le voter flou donne 406 sorties correctes, 197 sorties incorrectes mais seulement 397 sorties bénignes.

En d'autres termes, le voter flou produit des sorites correctes dans 40.6% (406/1000) des cas de sorties bénignes du voter de majorité inexacte et des sorties incorrectes dans 19,7% (197/1000).

Le voter flou comparé au voter de médiane :

Sur le tableau 4, $n_d(\text{Méd})$, $n_c(\text{Méd})$ et $n_{ic}(\text{Méd})$ représentent respectivement le nombre des sorties bénignes, correctes et incorrectes du voter de médiane. $n_d(\text{flou})$, $n_c(\text{flou})$ et $n_{ic}(\text{flou})$ donnent respectivement le nombre des sorties bénignes, correctes et incorrectes du voter flou.

Nombre de cycles	e_{max}	$n_c(\text{Méd})$	$n_{ic}(\text{Méd})$	$n_d(\text{Méd})$	$n_c(\text{Flou})$	$n_{ic}(\text{Flou})$	$n_d(\text{Flou})$
200	1	164	36	0	171	29	0
400	2	139	261	0	234	166	0
600	3	216	384	0	347	253	0
800	4	283	517	0	454	337	9
1000	5	0	1000	0	406	197	397

Tableau 4- Les différents résultats des voters de médiane et flou pendant 1000 cycles-

Le tableau 4 montre que :

1. Le voter flou peut produire des sorties bénignes alors que le voter de médian ne donne aucune sortie bénigne. Dans les cas de hauts bruits où

le voter flou produit des sorties non bénignes (correctes et incorrectes), le nombre des sorties correctes est toujours supérieur à celui des sorties incorrectes $n_c(\text{flou}) \succ n_{ic}(\text{flou})$.

2. Le voter flou peut produire plus de sorties correctes et moins de sorties incorrectes que le voter de médiane ($n_c(\text{flou}) \succ n_c(\text{Méd})$ et $n_{ic}(\text{flou}) \prec n_{ic}(\text{Méd})$). Ceci signifie que le voter de médiane ne peut pas manipuler quelques cas d'erreurs multiples. Cependant, le voter flou peut manipuler avec succès de telles erreurs et peut donner des sorties correctes.

Du tableau 4, nous remarquons que, lorsque $e_{max} = 5$, le voter de médiane ne produit aucune sortie correcte, en 1000 cycles. Cependant, le voter flou donne 406 sorties correctes, 197 sorties incorrectes et 397 sorties bénignes.

En d'autres termes, le voter flou produit des sorites correctes dans 40.6% (406/1000) des cas de sorties incorrectes du voter de médiane, et des sorties incorrectes dans 19,7% (197/1000).

Le voter flou comparé au voter de moyenne pondérée :

Sur le tableau 5, $n_d(\text{Moy})$, $n_c(\text{Moy})$ et $n_{ic}(\text{Moy})$ représentent respectivement le nombre des sorties bénignes, correctes et incorrectes de voter de moyenne pondérée. $n_d(\text{flou})$, $n_c(\text{flou})$ et $n_{ic}(\text{flou})$ donnent respectivement le nombre des sorties bénignes, correctes et incorrectes du voter flou.

Nombre de cycles	e_{max}	$n_c(\text{Moy})$	$n_{ic}(\text{Moy})$	$n_d(\text{Moy})$	$n_c(\text{Flou})$	$n_{ic}(\text{Flou})$	$n_d(\text{Flou})$
200	1	112	88	0	114	86	0
400	2	39	361	0	239	159	2
600	3	35	565	0	451	133	16
800	4	31	769	0	614	142	44

1000	5	0	1000	0	406	197	397

Tableau 5- Les différents résultats des voters de moyenne pondérée et flou pendant 1000 cycles-

Le tableau 5 montre que :

1. Le voter flou peut produire des sorties bénignes alors que le voter de moyenne pondérée ne donne aucune sortie bénigne. Dans les cas de hauts bruits où le voter flou produit des sorties non bénignes (correctes et incorrectes), le nombre de sorties correctes est toujours supérieur à celui des sorties incorrectes $n_c(flou) \succ n_{ic}(flou)$.

2. Le voter flou peut produire plus de sorties correctes et moins de sorties incorrectes que le voter de moyenne pondérée ($n_c(flou) \succ n_c(Moy)$ et $n_{ic}(flou) \prec n_{ic}(Moy)$). Ceci signifie que le voter de moyenne pondérée ne peut pas manipuler quelques cas d'erreurs multiples. Cependant, le voter flou peut manipuler avec succès de telles erreurs et peut donner des sorties correctes. Lorsque $e_{max} = 5$, le voter de moyenne pondérée ne produit aucune sortie correcte en 1000 cycles, le voter flou donne 406 sorties correctes, 197 sorties incorrectes et 397 sorties bénignes. En d'autres termes, le voter flou produit des sorties correctes dans 40.6% (406/1000) des cas de sorties incorrectes du voter de moyenne pondérée, et des sorties incorrectes dans 19,7% (197/1000).

4.3.2.2. Expérience n°2 :

Dans l'expérience n° 2, nous allons évaluer les performances des voters du point de vue de sûreté, de fiabilité et de disponibilité, en perturbant les entrées des voters avec de petites erreurs ($e_{max} \leq 1.1$) :

Le voter flou comparé au voter de majorité inexacte :

Dans ce qui suit, nous avons donné une comparaison des résultats des voters de majorité inexacte et flou, obtenus après 10000 cycles de vote.

Evaluation de la sûreté et disponibilité dans le cas de petites erreurs :

Nombre de cycles	e_{max}	$n_c(Maj)$	$n_{ic}(Maj)$	Sûreté	disponibilité	$n_c(Flou)$	$n_{ic}(Flou)$	Sûreté	disponibilité
2000	0.5	2000	0	1	1	2000	0	1	1
4000	0.7	3466	213	0.94	0,86	3890	110	0.97	0.97
6000	0.8	4097	899	0.85	0.68	5217	783	0.87	0.87
8000	0.9	4086	2292	0.71	0.51	6055	1945	0.75	0.75
10000	1	7122	935	0.90	0.71	9349	651	0.93	0.93

Tableau 6- sûreté et disponibilité des voters de majorité inexacte et flou pendant 10000 cycles-

Le tableau 6 montre les traces de sûreté et de disponibilité des voters de la majorité inexacte et flou, en 10000 cycles de vote pour de petites erreurs :

1. Le voter flou a une disponibilité plus élevée (de 11% à 24%) que le voter de la majorité inexacte. Par exemple, dans le cas de 8000 cycles, le voter flou, a une disponibilité plus élevée de 24% que le voter de majorité inexacte.

2. Le voter flou a une sûreté plus élevée (de 2% à 4%) que le voter de la majorité inexacte. Par exemple, dans le cas de 8000 cycles, le voter flou, a une sûreté plus élevée de 4% que le voter de majorité inexacte.

Evaluation de la fiabilité dans le cas de petites erreurs :

Nombre de cycles	e_{max}	$n_c(Maj)$	$n_{ic}(Maj)$	fiabilité	$n_c(Flou)$	$n_{ic}(Flou)$	fiabilité
2000	0.2	2000	0	1	2000	0	1
4000	0.4	3466	213	0.91	3890	110	1

6000	0.6	4097	899	0.83	5217	783	1
8000	0.8	4086	2292	0.79	6055	1945	1
10000	1	7122	935	0.80	9349	651	1

Tableau 7- fiabilité des voters de majorité inexacte et flou pendant 10000 cycles-

Le tableau 7 montre les traces de fiabilité, des voters de la majorité inexacte et flou, en 10000 cycles de vote pour de petites erreurs :

1. Le voter flou a une fiabilité plus élevée (de 9% à 21%) que le voter de la majorité inexacte. Par exemple, dans le cas de 8000 cycles, le voter flou, a une fiabilité plus élevée de 21% que le voter de majorité inexacte.

Le voter flou comparé au voter de médiane :

Dans ce qui suit, nous donnons une comparaison des résultats des voters de médiane et flou, obtenus après 10000 cycles de vote.

Evaluation de la sûreté et de la disponibilité dans le cas de petites erreurs :

Nombre de cycles	e_{max}	$n_c(Méd)$	$n_{lc}(Méd)$	Sûreté	Dispo-nibilité	$n_c(Flou)$	$n_{lc}(Flou)$	Sûreté	Disponi-bilité
2000	0.6	2000	0	1	1	2000	0	1	1
4000	0.7	3787	213	0.94	0.94	3890	110	0.97	0.97
6000	0.8	5020	980	0.83	0.83	5217	783	0.86	0.86
8000	0.9	5415	2585	0.67	0.67	6055	1945	0.75	0.75
10000	1	8759	1241	0.87	0.87	9349	651	0.93	0.93

Tableau 8- sûreté et disponibilité des voters de médian et flou pendant 10000 cycles-

Le tableau 8 montre les traces de sûreté et de disponibilité des voters de la médiane et flou, en 10000 cycles de vote, pour de petites erreurs :

1. Nous voyons que la disponibilité est égale à la sûreté pour les deux voters, et ceci parce que les nombres de sorties bénignes sont égaux à 0.

2. Le voter flou a une disponibilité et une sûreté plus élevées (de 3% à 8%) que le voter de médiane. Par exemple, dans le cas de 8000 cycles, le voter flou, a une disponibilité et une sûreté plus élevées de 4% que celles du voter de médiane.

Evaluation de la fiabilité dans le cas de petites erreurs :

Nombre de cycles	e_{max}	$n_c(Méd)$	$n_{ic}(Méd)$	fiabilité	$n_c(Flou)$	$n_{ic}(Flou)$	fiabilité
2000	0.6	2000	0	1	2000	0	1
4000	0.7	3787	213	1	3890	110	1
6000	0.8	5020	980	1	5217	783	1
8000	0.9	5415	2585	1	6055	1945	1
10000	1	8759	1241	1	9349	651	1

Tableau 9- fiabilité des voters de médian et flou pendant 10000 cycles-

Le tableau 9 montre les traces de fiabilité, des voters de médian et flou, tel que :

1. Le voter flou et le voter de médiane ont une même fiabilité (égale à 1) dans le cas de petites erreurs.

Le voter flou comparé au voter de moyenne pondérée :

Dans ce qui suit, nous donnons une comparaison des résultats des voters de moyenne pondérée et flou, obtenus après 10000 cycles de vote.

Evaluation de la sûreté et de la disponibilité dans le cas de petites erreurs :

Nombre de cycles	e_{max}	$n_c(Moy)$	$n_{ic}(Moy)$	Sûreté	Disponi-bilité	$n_c(Flou)$	$n_{ic}(Flou)$	Sûreté	Dispon-ibilité
2000	0.6	2000	0	1	1	2000	0	1	1
4000	0.7	3816	184	0.95	0.95	3890	110	0.97	0.97

6000	0.8	5062	938	0.84	0.84	5217	783	0.87	0.87
8000	0.9	5960	2040	0.74	0.74	6055	1945	0.75	0.75
10000	1	9225	775	0.92	0.92	9349	651	0.93	0.93

Tableau 10- sûreté et disponibilité des voters de moyenne pondérée et flou pendant 10000 cycles-

Nous voyons que :

1. la disponibilité est égale à la sûreté pour les deux voters, ceci parce que les nombres de sorties bénignes sont égaux à 0.

2. Le voter flou a une disponibilité et une sûreté plus élevées (de 1% à 3%) que celles du voter de moyenne pondérée en présence de petites erreurs. Par exemple, dans le cas de 6000 cycles, le voter flou, a une disponibilité et une sûreté plus élevée de 3% que celles du voter de médiane.

Evaluation de la fiabilité dans le cas de petites erreurs :

Nombre de cycles	e_{max}	$n_c(Moy)$	$n_{ic}(Moy)$	fiabilité	$n_c(Flou)$	$n_{ic}(Flou)$	Fiabilité
2000	0.6	2000	0	1	2000	0	1
4000	0.7	3816	184	1	3890	110	1
6000	0.8	5062	938	1	5217	783	1
8000	0.9	5960	2040	1	6055	1945	1
10000	1	9225	775	1	9349	651	1

Tableau 11- fiabilité des voters de moyenne pondérée et flou pendant 10000 cycles-

Nous constatons d'après le tableau 11 que :

1. Le voter flou et le voter de moyenne pondérée ont une même fiabilité (égale à 1) en présence de petites erreurs.

4.3.2.3. Expérience n°3 :

Dans cette expérience, nous avons évalué les performances des voters du point de vue de la sûreté, de la fiabilité et de la disponibilité, en perturbant les entrées des voters avec de larges erreurs ($e_{max} \succ 1.1$) :

Le voter flou comparé au voter de majorité inexacte :

Dans ce qui suit, nous avons donné les résultats de comparaison du voter de majorité inexacte et du voteur flou obtenus après 10000 cycles de vote.

Evaluation de la sûreté et de la disponibilité dans le cas de larges erreurs :

Nombre de cycles	e_{max}	$n_c(Maj)$	$n_{ic}(Maj)$	Sûreté	Disponib-ilité	$n_c(Flou)$	$n_{ic}(Flou)$	Sûreté	Disponib-ilité
2000	2	673	888	0.55	0.33	878	1111	0.44	0.43
4000	4	708	1660	0.58	0.17	1103	2044	0.48	0.27
6000	6	575	2758	0.54	0.09	871	3515	0.41	0.14
8000	8	699	3448	0.56	0.08	1095	4383	0.45	0.13
10000	10	803	4289	0.57	0.08	1326	5314	0.46	0.13

Tableau 12- sûreté et disponibilité des voters de majorité inexacte et flou pendant 10000 cycles-

Le tableau 12 montre que :

1. Pour de grandes erreurs et contrairement au cas de petites erreurs, le voter de majorité inexacte a une sûreté plus élevée (de 10% à 13%) que le voter flou. Par exemple, dans le cas de 6000 cycles, le voter majorité inexacte, a une sûreté plus élevée de 13% que le voter flou.

2. Cependant, le voter flou a une disponibilité plus élevée (de 5% à 10%) que le voter de majorité inexacte. Par exemple, dans le cas de 4000 cycles, le voter flou, a une disponibilité plus élevée de 10% que le voter de majorité inexacte.

Evaluation de la fiabilité dans le cas de larges erreurs :

Nombre de cycles	e_{max}	$n_c(Maj)$	$n_{ic}(Maj)$	fiabilité	$n_c(Flou)$	$n_{ic}(Flou)$	fiabilité
2000	2	673	888	0.78	878	1111	0.99
4000	4	708	1660	0.59	1103	2044	0.78
6000	6	575	2758	0.55	871	3515	0.73
8000	8	699	3448	0.51	1095	4383	0.68
10000	10	803	4289	0.50	1326	5314	0.66

Tableau 13- fiabilité des voters de majorité inexacte et flou pendant 10000 cycles-

Ce tableau montre que :

1. Le voter flou a une fiabilité plus élevée (de 16% à 21%) que le voter de la majorité inexacte. Par exemple, dans le cas de 2000 cycles, le voter flou a une fiabilité plus élevée de 21% que le voter de majorité inexacte.

Le voter flou comparé au voter de médiane :

Dans ce qui suit, nous donnons les résultats de comparaison, des voters de médians et flou, obtenus après 10000 cycles de vote.

Evaluation de la sûreté et de la disponibilité dans le cas de larges erreurs :

Nombre de cycles	e_{max}	$n_c(Méd)$	$n_{ic}(Méd)$	Sûreté	Disponib-ilité	$n_c(Flou)$	$n_{ic}(Flou)$	Sûreté	Disponib-ilité
2000	2	698	1302	0.34	0.34	878	1111	0.44	0.43
4000	4	712	3288	0.17	0.17	1103	2044	0.48	0.27
6000	6	575	5425	0.09	0.09	871	3515	0.41	0.14
8000	8	699	7301	0.08	0.08	1095	4383	0.45	0.13
10000	10	806	9194	0.08	0.08	1326	5314	0.46	0.13

Tableau 14- sûreté et disponibilité des voters de médian et flou pendant 10000 cycles-

De ce tableau, nous déduisons que :

1. Pour de grandes erreurs, et comme dans le cas de petites erreurs, le voter flou a une sûreté plus élevée (de 10% à 38%) que le voter de médiane. Par exemple, dans le cas de 10000 cycles, le voter flou a une sûreté plus élevée de 38% que le voter de médiane.

2. Aussi, le voter flou a une disponibilité plus élevée (de 5% à 10%) que le voter de médiane. Par exemple, dans le cas de 4000 cycles, le voter flou a une disponibilité plus élevée de 10% que le voter de médiane.

Evaluation de la sûreté et de la disponibilité dans le cas de larges erreurs :

Nombre de cycles	e_{max}	$n_c(Méd)$	$n_{ic}(Méd)$	fiabilité	$n_c(Flou)$	$n_{ic}(Flou)$	fiabilité
2000	2	698	1302	1	878	1111	0.99
4000	4	712	3288	1	1103	2044	0.78
6000	6	575	5425	1	871	3515	0.73
8000	8	699	7301	1	1095	4383	0.68
10000	10	806	9194	1	1326	5314	0.66

Tableau 15- fiabilité des voters de médian et flou pendant 10000 cycles-

Le tableau montre que :

1. Le voter de médiane a une fiabilité plus élevée (de 1 à 34%) que le voter flou. Par exemple, dans le cas de 10000 cycles, le voter de médiane a une fiabilité plus élevée de 34% que le voter flou.

Le voter flou comparé au voter de moyenne pondérée :

Dans ce qui suit, nous donnons les résultats de comparaison, des voter de moyenne pondérée et flou, obtenus après 10000 cycles de vote.

Evaluation de la sûreté et de la disponibilité dans le cas de larges erreurs :

Nombre de cycles	e_{max}	$n_c(Moy)$	$n_{lc}(Moy)$	Sûreté	Dispon -ibilité	$n_c(Flou)$	$n_{lc}(Flou)$	Sûreté	Disponib -ilité
2000	2	170	1830	0.08	0.08	878	1111	0.44	0.43
4000	4	636	3364	0.15	0.15	1103	2044	0,48	0.27
6000	6	515	5485	0.08	0.08	871	3515	0.41	0.14
8000	8	519	7481	0.06	0.06	1095	4383	0.45	0.13
10000	10	465	9535	0.04	0.04	1326	5314	0.46	0.13

Tableau 16- sûreté et disponibilité des voters de moyenne pondérée et flou pendant 10000 cycles-

Le tableau 16 montre les traces de sûreté et de disponibilité des voters de moyenne pondérée et flou, en 10000 cycles de vote pour de grandes erreurs :

1. Pour de grandes erreurs, comme dans le cas de petites erreurs, le voter flou a une sûreté plus élevée (de 33% à 39%) que le voter de moyenne pondérée. Par exemple, dans le cas de 10000 cycles, le voter flou a une sûreté plus élevée de 39% que le voter de moyenne pondérée.
2. Aussi, le voter flou a une disponibilité plus élevée (de 6% à 35%) que le voter de moyenne pondérée. Par exemple, dans le cas de 2000 cycles, le voter flou a une disponibilité plus élevée de 10% que le voter de moyenne pondérée.

Evaluation de la fiabilité dans le cas de larges erreurs :

Nombre de cycles	e_{max}	$n_c(Moy)$	$n_{lc}(Moy)$	fiabilité	$n_c(Flou)$	$n_{lc}(Flou)$	fiabilité
2000	2	170	1830	1	878	1111	0.99
4000	4	636	3364	1	1103	2044	0.78
6000	6	515	5485	1	871	3515	0.73
8000	8	519	7481	1	1095	4383	0.68
10000	10	465	9535	1	1326	5314	0.66

Tableau 17- fiabilité des voters de moyenne pondérée et flou pendant 10000 cycles-

Le tableau 17 montre que :

1. Le voter de moyenne pondérée a une fiabilité plus élevée (de 1 à 34%) que le voter flou, en présence de grandes erreurs. Par exemple, dans le cas de 10000 cycles, le voter de moyenne pondérée a une fiabilité plus élevée de 34% que le voter flou.

4.3.2.4. Expérience n°4 :

Dans cette expérience, nous avons étudié l'impact du changement de quelques variables flous, du voter flou, sur la performance. Pour cela, nous utilisons deux voters flous A et B, en 10000 cycles. Aussi nous perturbons les entrées de ces deux voters par de petites et de larges erreurs.

Pour cette expérimentation, les paramètres suivants sont employés :

Voter flou A $p = 0.5$, $q = 0.75$, $r = 1.0$, $u = 0.25$, $v = 0.5$, $w = 0.75$

Voter flou B $p = 0.0$, $q = 0.5$, $r = 1.0$, $u = 0.25$, $v = 0.5$, $w = 0.75$

	Nombre de cycles	e_{max}	Majorité inexacte	Médiane	Moyenne pondérée	Flou A	Flou B
Sûreté	10000	0.9	0.78	0.73	0.73	0.84	0.81
	10000	1	0.86	0.83	0.76	0.88	0.80
	10000	10	0.83	0.02	0.01	0.72	0.82
disponibilité	10000	1	0.56	0.73	0.73	0.84	0.81
	10000	10	0.02	0.02	0.01	0.04	0.02
fiabilité	10000	1	0.77	1	1	1	1
	10000	10	0.18	1	1	0.31	0.19

Tableau 18-L'impact de changement de quelques variables flous sur la performance pendant 10000 cycles-

Evaluation des performances en présence de petites erreurs :

Le tableau 18 montre que :

65

1. Le voter flou A, a plus de sûreté (de 3% à 11%) que les autres voters lors de la présence de petites erreurs. Alors que, le voter flou B donne une sûreté plus élevée que le voter de médiane et le voter de moyenne pondérée en présence de petites erreurs, ainsi qu'une sûreté plus élevée que celle du voter de majorité inexacte, jusqu'au point $e_{max} = 0.9$.

2. Le voter flou A a plus de disponibilité (de 3% à 28%) que les autres voters en présence de petites erreurs. Alors que, le voter flou B offre une disponibilité plus élevée que les trois voters (de majorité inexacte, de médiane et de moyenne pondérée) pour toutes les plus petites erreurs.

3. Les deux voters flous ont une fiabilité plus élevée que celle du voter de majorité inexacte.

Evaluation des performances en présence de larges erreurs :

Le tableau 18 montre que :

1. Le voter de majorité inexacte a une sûreté plus élevée que les autres voters, dont la sûreté pour le voter flou B est meilleure que celle du voter flou A.

2. Cependant, la disponibilité des voters flous est meilleure que celle des autres voters et la disponibilité pour le voter flou A est meilleure que celle du voter flou B.

3. La fiabilité du voter flou A est meilleure que celle du voter flou B et du voter de majorité inexacte.

4.3.2.5. Expérience n°5 :

Dans cette expérience, nous avons étudié l'impact du changement de la valeur du seuil d'exactitude sur les performances.

	Seuil d'exactitude	Nombre de cycles	e_{max}	Majorité inexacte	Médian	Moyenne pondérée	Flou A	Flou B
Sûret	1	10000	1	1	1	1	1	1
é	0.5	10000	10	0.74	0.005	0.001	0.61	0.72
dispo	1	10000	1	1	1	1	1	1
níbilit é	0.5	10000	10	0.007	0.005	0.001	0.009	0.007
fiabili	1	10000	1	1	1	1	1	1
té	0.5	10000	2	0.26	1	1	0.39	0.28

Tableau 19-L'impact de changer quelques variables flous sur la performance pendant 10000 cycles-

On peut voir, de Tableau 19 que :

1. Dans *le cas où les entrées sont perturbées par des erreurs inférieures ou égales au seuil d'exactitude* (e_{max} ≤ seuil d'exactitude) :

   - Tous les algorithmes produisent seulement des sorties corrected (disponibilité=1).

   - Aucune sortie incorrecte n'est produite (sûreté=1).

   - Aucune sortie bénigne n'est produite (fiabilité=1).

   - Le seuil du voter (qui a la valeur de 0.5) réduit le nombre des sorties correctes et augmente le nombre des sorties bénignes pour le voter de majorité inexacte dans le cas où les entrées sont perturbées par des erreurs qui sont égales au seuil d'exactitude mais plus grandes que le seuil du voter (le cas où le seuil d'exactitude =1, et avec e_{max} = 1).

2. *Dans le cas où les entrées sont perturbées par des erreurs excédant le seuil d'exactitude* (e_{max} ≻ seuil d'exactitude) :

   - Le voter flou A produit le plus grand nombre de sorties correctes (il a la plus haute disponibilité) que les autres voters.

   - Des sorties incorrectes (catastrophiques) sont produites par tous les algorithmes, dont le voter de majorité inexacte produit le plus bas nombre des ces sorties (il a le plus haut degré de sûreté) et le voter de

67

moyenne pondérée produit le plus grand nombre de ces sorties (il a le plus bas degré de sûreté) que les autres voters.

4.4. Conclusion :

Une évaluation expérimentale de quatre algorithmes de vote a été présentée dans ce chapitre pour confirmer que le voter flou donne de bons résultats, dans les cas de désaccords, que les autres voters.

le voter flou est expérimentalement évalué du point de vue de la sûreté, de la fiabilité et de la disponibilité, et comparé avec les voters de majorité inexacte, de médiane et de moyenne pondérée dans un cadre structuré de redondance modulaire triple. L'impact du changement de quelques variables floues, du voter flou, sur la performance et du changement de seuil d'exactitude est également étudié.

Nous trouvons d'une part que le voter flou donne plus de sorties correctes (une disponibilité plus élevée), moins de sorties incorrectes (une sûreté plus élevée) que les autres voters en présence des petites erreurs, et moins de sorties bénignes que le voter de majorité inexacte. D'autre part, le pourcentage de sorties bénignes du voter de majorité inexacte qui sont manipulées avec succès par le voter flou (résultant dans les sorties correctrs) est plus grand que le pourcentage de ceux qui sont résolus sans succès par le voter flou (résultant dans les sorties incorrectes).

Nos résultats suggèrent que le voter flou soit approprié pour les applications dans lesquelles une petite dégradation dans la performance de la sûreté d'un voter est acceptable au coût d'une grande augmentation de sa disponibilité.

Références bibliographie

[1] B.W. Johnson. *FAULT-TOLERANT MICROPROCESSOR-BASED SYSTEMS*. IEEE Micro, Vol. 4, No. 6, pp. 6-21. 1984.

[2] G. Latif-Shabgahi, Julian M. Bass, Stuart Bennett. *A TAXONOMY FOR SOFTWARE VOTING ALGORITHMS USED IN SAFETY-CRITICAL SYSTEMS*. IEEE TRANSACTIONS ON RELIABILITY, VOL. 53, NO. 3. 2004.

[3] G. Latif-Shabgahi. *PERFORMANCE ANALYSIS OF SOFTWARE IMPLEMENTED INEXACT VOTING ALGORITHMS*. Ph.D. Thesis, Department of Automatic Control and Systems Engineering, The University of SheKeld, 1999.

[4] J.M. Bass, P.R. Croll, P.J. Fleming, L.J.C. Woolliscroft. *THREE DOMAIN VOTING IN REAL-TIME DISTRIBUTED CONTROL SYSTEMS*. Proc. 2nd Euromicro Workshop on Parallel and Distributed Processing pp. 317–324. 1994.

[5] G. Latif-Shabgahi, A.J. Hirst. *A FUZZY VOTING SCHEME FOR HARDWARE AND SOFTWARE FAULT TOLERANT SYSTEMS*. Fuzzy Sets and Systems 150579–598. 2005.

[6] K. Kim, M.A. Vouk, D.F. McAllister. *FAULT TOLERANT SOFTWARE VOTERS BASED ON FUZZY EQUIVALENCE RELATIONS*. Proc. IEEE Aerospace Conf. 4 5–19. 1998.

[7] H. Ishibuchi, T. Nakashima, T. Morisawa. *VOTING IN FUZZY RULE-BASED FOR PATTERN CLASSIFICATION PROBLEMS*. Fuzzy Sets and Systems 103 (2) 223–238. 1999.

[8] Z. Georgiev, M. Stojcev. *VLSI COMMON VOTING MODULE FOR FAULT-TOLERANT TMR SYSTEM IN INDUSTRIAL SYSTEM CONTROL APPLICATIONS*. Internat. J. Electron. 76163–205. 1994.

[9] Cristian, F. *UNDERSTANDING FAULT-TOLERANT DISTRIBUTED SYSTEMS*. In: Communications of the ACM. Vol.34, No.2 pp. 56-78. 1991.

[10] P. D. Hough, M. E. Goldsby, E. J. Walsh. *ALGORITHM-DEPENDENT FAULT*

TOLERANCE FOR DISTRIBUTED COMPUTING. **SANID report 2000-8219.**
2000

[11] G. Latif-Shabgahi, Julian M. Bass. *SMOOTHING VOTER: A NOVEL VOTING ALGORITHM FOR HANDLING MULTIPLE ERRORS IN FAULT-TOLERANT CONTROL SYSTEMS.* **Microsystems 303–313. 2003.**

[12] A. K.Ganesh, T. J. Marlowe. *A COMPILER_BASED APPROACH TO FAULT TOLERANCE IN REAL TIME SYSTEMS.* **Newark . NJ 07102 USA. 1996.**

[13] François Taïani. *LA REFLEXIVITE DANS LES ARCHITECTURES MULTI.NIVEAUX : APPLICATION AUX SYSTEMES TOLERANT LES FAUTES.* **Thèse de doctorat de l'Université Paul Sabatier de Toulouse. 2004.**

[14] Nasra Mohamoud et Steve Attelly. *LA TOLERANCE AUX FAUTES DANS LES SYSTEMES INFORMATIQUE.* **Istia- Dess Quassi. 2002.**

[15] Anish Arora, Mohamed G. *GOUDA: CLOSURE AND CONVERGENCE: A FOUNDATION OF FAULT-TOLERANT COMPUTING.* **IEEE Trans. Software Eng. 19(11): 1015-1027. 1993.**

[16] G. LE LANN, P. MINET, D. POWELL : *TOLERANCE AUX FAUTES ET SYSTEMES REPARTIS : CONCEPTS ET MECANISMES.* **Rapport de recherche INRIA n° 2108. 1993.**

[17] André Postma. *CLASSES OF BYZANTINE FAULT-TOLERANT ALGORITHMS FOR DEPENDABLE DISTRIBUTED SYSTEMS.* **ISBN 90-365-1081-3. 1998.**
17

[18] Laprie, J.C. *DEPENDABILITY - ITS ATTRIBUTES, IMPAIRMENTS AND MEANS, IN: PREDICTABLY DEPENDABLE COMPUTING SYSTEMS.* **Randell, B. et al. (Eds.), Esprit Basic Research Series. Springer-Verlag, pp.3-24. 1995. 18**

[19] Algirdas Avizienis. *DESIGN DIVERSITY AND THE IMMUNE SYSTEM PARADIGM: CORNERSTONES FOR INFORMATION SYSTEM SURVIVABILITY.* **UCLA Computer Science University of California Los Angeles, CA 90095-1596. 2000.**

[20] C. E. Landwehr et al. *A TAXONOMY OF COMPUTER PROGRAM SECURITY FLAWS*. *ACM Computer Surveys*, 26(3):211–254. 1994.

[21] Barborak, M., Malek, M. and Dahbura, A. *THE CONSENSUS PROBLEM IN FAULT- TOLERANT COMPUTING*. In: ACM Computing Surveys. Vol.25, No.2, pp.171-220. 1993.

[22] Cristian, F., Aghili, H., Strong, R., and Dolev, D., *ATOMIC BROADCAST: FROM SIMPLE MESSAGE DIFFUSION TO BYZANTINE AGREEMENT, IN: INFORMATION AND COMPUTATION*, Vol. 118 pp. 158-179. 1995.

[23] Lamport, L., Shostak, R., and Pease, M., *THE BYZANTINE GENERALS PROBLEM*. In: ACM Transactions on Programming Languages and Systems, Vol. 4, No. 3 pp.382-401. 1982.

[24] Hussain Al Asaad, Edward Czeck. *CONCURRENT ERROR CORRECTION IN ITERATIVE CIRCUITS BY RECOMPUTING WITH PARTITINING AND VOTING*. IEEE Trans. Software Engineering, Vol. 0-8186-3830-3/93. 1993.

[25] Milos Manic, Deborah Frincke. *TOWARDS THE FAULT TOLERANT SOFTWARE: FUZZY EXTENSION OF CRISP EQUIVALENCE VOTERS*. The 27th Annual Conference of the IEEE Industrial Electronics Society. 2001.

[26] Siewiorek, D.P., and Swarz, R.S., *RELIABLE COMPUTER SYSTEMS: DESIGN AND EVALUATION*, 2nd edition, Digital Press. Bedford (MA), ISBN 1-555-58075-0. 1992.

[27] Wilfredo Torres-Pomales. *SOFTWARE FAULT TOLERANCE: A TUTORIAL*. NASA/TM-2000-210616. Langley Research Center Hampton, Virginia 23681-2199. 2000.

[28] Benjamin Lussier, Raja Chatila, Felix Ingrand, Marc-Olivier Killijian, David Powell. *ON FAULT TOLERANCE AND ROBUSTNESS IN AUTONOMOUS SYSTEMS*. LAAS-CNRS. 2004.

[29] Michael R. Lyu, editor, *SOFTWARE FAULT TOLERANCE*, John Wiley & Sons, 1995.

[30] Kevin A. Kwiat Warren H. Debany Jr. *SOFTWARE FAULT TOLERANCE USING DYNAMICALLY RECONFIGIURABLE FPGAS.* IEEE Trans. Software Engineering, Vol. 0-8186-7502-0/96. 1996.

[31] Russell J. Abbott, *RESOURCEFUL SYSTEMS FOR FAULT TOLERANCE*, Reliability, and Safety, ACM Computing Surveys, Vol. 22, No. 1 pp. 35 – 68. 1990.

[32] T. Anderson and P.A. Lee, *FAULT TOLERANCE: PRINCIPLES AND PRACTICE*, Prentice/Hall, 1981.

[33] Dhiraj K. Pradhan, *FAULT-TOLERANT COMPUTER SYSTEM DESIGN*, Prentice-Hall, Inc., 1996.

[34] A. Avizienis and L. Chen, *ON THE IMPLEMENTATION OF N-VERSION PROGRAMMING FOR SOFTWARE FAULT TOLERANCE DURING EXECUTION*, Proceedings of the IEEE COMPSAC'77, pp. 149 – 155. 1977.

[35] J. Altmann, **A.** Bohm. *ALGORITHM-BASED FAULT-TOLERANT PROGRAMMING IN SCIENTIFIC COMPUTATION ON MULTIPROCESSORS.* IEEE Transactions on Software Engineering, Vol. SE-1066-6192/95. 1995.

[36] Paul E. Ammann and John C. Knight, *DATA DIVERSITY: AN APPROACH TO SOFTWARE FAULT TOLERANCE*, IEEE Transactions on Computers, Vol. 37, No. 4, pp. 418 - 425. 1988.

[37] Laprie, J.-C. *LE GUIDE DE LA SURETE DE FONCTIONNEMENT.* Cepadues Editor. 1996.

[38] Ammann, P. E., and J. C. Knight. *DATA DIVERSITY: AN APPROACH TO SOFTWARE FAULT TOLERANC*e,. Proceedings of FTCS-17, Pittsburgh, PA, pp. 122.126. 1987.

[39] Ammann, P. E., and J. C. Knight, .*DATA DIVERSITY: AN APPROACH TO SOFTWARE FAULT TOLERANCE*,. IEEE Transactions on Computers, Vol. 37, pp. 418.425. 1988.

[40] T. Anderson, P.A Lee. *FAULT TOLERANT PRINCIPLES AND PRACTICE.* Prentice Hall International Inc. 1981.

[41] B. Randell. *SYSTEM STRUCTURE FOR SOFTWARE FAULT TOLERANCE. IEEE Transactions on Software Engineering*, 1(2):220–232, 1975.

[42] Brian Randell and Jie Xu, *THE EVOLUTION OF THE RECOVERY BLOCK CONCEPT, IN SOFTWARE FAULT TOLERANCE*, Michael R. Lyu, editor, Wileypp. 1 – 21. 1995.

[43] Algirdas Avizienis, *THE METHODOLOGY OF N-VERSION PROGRAMMING*, in R. Lyu, editor, Software Fault Tolerance, John Wiley & Sons, 1995.

[44] L. Chen and A. Avizienis. *N-VERSION PROGRAMMING: A FAULT TOLERANCE APPROACH TO RELIABILITY OF SOFTWARE OPERATION*. In *Proceedings of the 8th International Symposium on Fault Tolerant Computing (FTCS-8)*, pages 3–9, Toulouse, France, 1978.

[45] J.C. Laprie, et al, *ARCHITECTURAL ISSUES IN SOFTWARE FAULT TOLERANCE*, in Software Fault Tolerance, Michael R. Lyu, editor, Wiley, pp. 47 – 80. 1995.

[46] J. C. Laprie, J. Arlat, C. Béounes, and K. Kanoun. *DEFINITION AND ANALYSIS OF HARDWARE-AND-SOFTWARE FAULT-TOLERANT ARCHITECTURE. IEEE Computer*, 23(7):39–51, 1990.

[47] R. Keith Scott, James W. Gault, and David F. McAllister, *FAULT-TOLERANT SOFTWARE RELIABILITY MODELING*, IEEE Transactions on Software Engineering, Vol. SE-13, No. 5, pp. 582 – 592.1987.

[48] Mladen A. Vouk1, David F. McAllister, David E. Eckhardt, Kalhee Kim. *AN EMPIRICAL EVALUATION OF CONSENSUS VOTING AND CONSENSUS RECOVERY BLOCK RELIABILITY IN THE PRESENCE OFFAILURE CORRELATION.* NASA Grant No. NAG-1-983. 1993.

[49] Jie Xu and Brian Randell, *SOFTWARE FAULT TOLERANCE: T/(N-1)-VARIANTPROGRAMMING*, IEEE Transactions on Reliability, Vol. 46, No. 1 pp. 60 - 68.1997.

[50] Barry W. Johnson, *AN INTRODUCTION TO THE DESIGN AND ANALYSIS OF FAULT-TOLERANT SYSTEMS*, in Fault-Tolerant Computer System Design, Dhiraj K. Pradhan, Prentice Hall, Inc. pp. 1 – 87. 1996.

[51] David A. Rennels. *FAULT-TOLERANT COMPUTING*. *ACM Computer Surveys*, 26(3):211–254, 1994.

[52] D. D. E. Long. *THE MANAGEMENT OF REPLICATION IN A DISTRIBUTED SYSTEM*. Ph.D. dissertation, University of California, San Diego. 1988.

[53] Behrooz Parhami . *VOTIN G ALGORITHMS*. IEEE TRANSACTIONS ON RELIABILITY, VOL. 43, NO. 4. 1994.

[54] J. von Neumann, *PROBABILISTIC LOGICS AND THE SYNTHESIS OF RELIABLE ORGANISMS FROM UNRELIABLE COMPONENTS*, Automa Srudies (Annals of Mathematics Studies, num 34), (C.E. Shannon, J. McCarthy, Eds), pp 43-98; Princeton Univ. Press. 1956.

[55] L. Nordmann and H. Pham, *WEIGHTED VOTING SYSTEMS*, *IEEE Transactions on Reliability*, Vol 48, No 1, 1999.

[56] Sherif Yacoub. *ANALYSIS OF THE BEHAVIOR AND RELIABILITY OF VOTING SYSTEMS COMPRISING TRI-STATE UNITS*. Information Infrastructure Laboratory HP Laboratories Palo Alto . 2002.

[57] Robert J. Hilderman and Howard J. Hamilton. *PERFORMANCE ANALYSIS OF A REGENERATION-BASED DYNAMIC VOTING ALGORITHM*. IEEE Transactions on Software Engineering, Vol. 1060-9857/95. 1995

[58] Darrell D. E. Long, Je han- François Pâris. *VOTING WITHOUT VERSION NUMBERS*. IEEE Transactions on Software Engineering, Vol.0-7803-3873-1/97. 1997.

[59] Lihao Xu and Jehoshua Bruck. Deterministic *VOTING IN DISTRIBUTED SYSTEMS USING ERROR-CORRECTING CODES*. IEEE transactions on parallel and distributed systems, vol. 9, no. 8. 1998.

[60] J. Paris, *VOTING WITH WITESSES: A CONSISTENCY SCHEME FOR REPLICATED FILES*, *Proceedings of the 6th International Conference on Distributed Computing Systems*, pp606 -616.1986.

[61] D.P. Siewiorek, *RELIABILITY MODELING OF COMPENSATING MODULE FAILURES IN MAJORITY VOTED REDUNDANCY* , IEEE Trans. Computers, vol C-24, pp 525-533. 1975.

[62] F.P. Mathur, A. Avizienis, *RELIABILITY ANALYSIS AND ARCHITECTURE OF AHYBRID-REDUNDANT DIGITAL SYSTEM: GENERALIZED TRIPLE MODULAR REDUNDANCY WITH SELF-REPAIR*, AFIPS Con Proc, vol36 (Spring Joint Computer Conf.), pp 375-383; AFIPS Press. 1970.

[63] F.P. Mathur, P. DeSousa, *RELIABILITY MODELING AND ANALYSIS OF GENERAL MODULAR REDUNDANT SYSTEMS*, IEEE Trans. Reliability, vol R-24, pp 296-299. 1975.

[64] J.R. Sklaroff, *REDUNDANCY MANAGEMENT TECHNIQUES FOR SPACE SHUTTLE COMPUTERS*, IBM J. Research and Development, vol 20, pp 20-28.1976.

[65] W.H. Pierce, *ADAPTIVE DECISION ELEMENTS TO IMPROVE THE RELIABILITY OFREDUNDANT SYSTEMS*, IRE Int'l Conv. Record, pp 124-131. 1962.

[66] Ing-Ray Chen, Ding-Chau Wangb, Chih-Ping Chu. *RESPONSE TIME BEHAVIOR OF DISTRIBUTED VOTING ALGORITHMS FOR MANAGING REPLICATED DATA*. Information Processing Letters 75 247–253. 2000.

[67] M. Ahammad and M. Ammar, *PERFORMANCE CARACTERIZATION OF QUORUM-CONSENSUS ALGORITHMS FOR REPLICATED DATA*, Proceedings of the 7th Symposium on Reliability inDistributed Software and Database Systems, pp161-167. 1987.

[68] P.J. Keleher. *DECENTRALISED REPLICATED-OBJECT PROTOCOL*. Proc. 18th ACM Symp. on Principles of Distributed Computing. 1999.

[69] D.K. Gifford, *WEIGHTED VOTING FOR REPLICATED DATA*, Proc. 7'h ACM SZGOPS Symp. Operating System Principles, pp 150-159; Pacific Grove, CA. 1979.

[70] T.K. Ho, J. J. Hull, and S. N. Srihari, *DECISION COMBINATION IN MULTIPLE CLASSIFIER SYSTEMS*, IEEE Trans. on PAMI, 16(1), pp.66-75. 1994.

[71] S. Yacoub and S. Simske, *META-ALGORITHMIC PATTERNS*, Hewlett-Packard Laboratories, Technical Report, April 2002.

[72] V. Chatzis, I. Pitas. *FUZZY CELL HOUGH TRANSFORM FOR CURVE DETECTION*. Pattern Recognition 2031–2042. 1997.

[73] B.W. Johnson0 *DESIGN AND ANALYSIS OF FAULT-TOLERANT DIGITAL SYSTEMS*. Addison-Wesley.1989.

[74] B. Parhami. *VOTING NETWORKS*. IEEE Trans. Reliability, vol40, pp 380-394. 1991.

[75] B. Parhami. *HIGH-PERFORMANCE PARALLEL PIPELINED VOTING NETWORKS*. Proc. Int'l Parallel Processing Symp, pp 491-494. Anaheim, CA. 1991.

[76] B. Parhami, *DESIGN OF M-OUT-OF-N BIT-VOTERS* , Proc. 25th Asilomar Conf. Signals, Systems, and Computers, pp 1260-1264; Pacific Grove, CA. 1991.

[77] Laura L. Pullum. *SOFTWARE FAULT TOLERANCE TECHNIQUES AND IMPLEMENTATION*. Artech House. 2001.

[78] Behrooz Parhami. *PARALLEL ALGORITHMS FOR M-OUT- OF- N THRESHOLD VOTING*. IEEE Transactions on Software Engineering, Vol 0-7803-3529-5. 1996.

[79] Ben Hardekopf, Kevin Kwiat, Shambhu Upadhyaya. *A DECENTRALIZED VOTING ALGORITHM FOR INCREASING DEPENDABILITY IN DISTRIBUTED SYSTEMS*. Air Force Research Laboratory. 2000.

[80] Liang Chen and Naoyuki Tokuda. *STABILITY ANALYSIS OF REGIONAL AND NATIONAL VOTING SCHEMES BY A CONTINUOUS MODEL*. **IEEE** Transactions on knowledge and data engineering, vol. 15, no. 4. 2003.

[81] G. Latif-Shabgahi, Julian M. Bass, Stuart Bennett. *A TAXONOMY FOR SOFTWARE VOTING ALGORITHMS USED IN SAFETY-CRITICAL SYSTEMS*. IEEE TRANSACTIONS ON RELIABILITY, VOL. 53, NO. 3. 2004.

[82] R.V. Renesse and AS. Tanenbaum. *VOTING WITH GHOSTS*. Proceedings of the 8th IEEE International Conference on Distributed Computing Systems, pages 456-462. 1988.

[83] C. Pu and J.D. Noe. *REGENERATION OF REPLICATED OBJECTS: A TECHNIQUE AND ITS EDEN IMPLEMENTATION*. IEEE Transactions on Software Engineering, Vol. 14, No. 7, pages 936-945. 1988.

[84] S. Jajodia and D. Mutchler. *DYNAMIC VOTING ALGORITHMS FOR MAINTAINING THE CONSISTENCY OF A REPLICATED DATABASE*. **ACM** Transactions on Database Systems, Vol. 15, No. 2. 1990.

[85] P.R. Lorczak, A.K. Caglayan, D.E. Eckhardt. *A THEORETICAL INVESTIGATION OF GENERALISED VOTERS*. Digest of IEEE 19th Ann. Intenat. Symp. on Fault-Tolerant Computing Systems, Chicago, IL, pp. 444–451.1989.

[86] M. Tagvaei. *EXPERIMENTAL EVALUATION OF VOTING ALGORITHMS*. M.Sc. Thesis, Automatic Control and Systems Department, the University of SheKeld. 2001.

[87] K. Kim, M.A. Vouk, D.F. McAllister. *FAULT TOLERANT SOFTWARE VOTERS BASED ON FUZZY EQUIVALENCE RELATIONS*. Proc. **IEEE** Aerospace Conf. 4 5–19. 1998.

[88] G. Latif-Shabgahi, J.M. Bass, S. Bennett. *COMPLETE DISAGREEMENT IN REDUNDANT REAL-TIME CONTROL APPLICATIONS*. Proc. 5th **IFAC** Workshop on Algorithms and Architectures for Real-Time Control, Cancun, Mexico, April 15–17, pp. 259–264. 1998.

[89] G. J. Davis. *AN ANALYSIS OF REDUNDANCY MANAGEMENT ALGORITHMS FOR ASYNCHRONOUS FAULT TOLERANT CONTROL SYSTEMS*. NASA Ames Research Centre, USA, NASA Tech. Rep. TM-100 007. 1987.

[90] D. F. McAllister, C. Sun, and M. A. Vouk. *RELIABILITY OF VOTING IN FAULTTOLERANT SOFTWARE SYSTEMS FOR SMALL OUTPUT SPACE*, IEEE Trans. Rel., vol. 39, no. 5, pp. 524–533. 1990.

[91] Gersting, J. L. *A COMPARISON OF VOTING ALGORITHMS FOR N-VERSION PROGRAMMING*, Proc. 24th Anual Hawaii International Conference on System Sciences, 2,253-262. 1991.

[92] G. Latif-Shabgahi, J.M. Bass and S. Bennett. *SIMULATION OF A COMPONENT-ORIENTED VOTER LIBRARY FOR DEPENDABLE CONTROL APPLICATIONS*. IEEE transactions on distributed systems 1089-6503/98. 1998.

[93]. H. Benitez-Perez, G. Latif-Shabgahi, J. M. Bass, H. A. Thompson, S. Bennett, and P. J. Fleming. *INTEGRATION AND COMPARISON OF FDI AND FAULT MASKING FEATURES IN EMBEDDED CONTROL SYSTEMS*, Proc. of the 14th World Congress of Int. Federation of Automatic Control, Vol. P, Beijing, China, July 5-9, pp. 31-36. 1999.

[94]. M. P. Henry, and D. W. Clarke. *THE SELF-VALIDATION SENSORS: RATIONALE, DEFINITIONS AND EXAMPLES*, IFAC Control Engineering Practice, Vol. 1, No. 4, pp. 585-610. 1993.

[95]. R. B. Broen. *NEW VOTERS FOR REDUNDANT SYSTEMS*, ASME Journal of Dynamic Systems, Measurement and Control, March, pp. 41-45. 1975.

[96] J. Lala and L. Alger. *HARDWARE AND SOFTWARE FAULT TOLERANCE: A UNIFIED ARCHITECTURAL APPROACH*. In Digest of Papers FTCS'18: IEEE 18th Annu. Int. Symp. Fault-Tolerant Computing Systems, pp. 135–139. 1988.

[97] F. D. Giandomenico and L. Strigini. *ADJUDICATORS FOR DIVERSE REDUNDANT COMPONENTS*. In Proc. 9th Symp. Reliable Distributed Systems pp. 114–123. 1990.

[98] D. M. Blough and G. F. Sullivan. *A COMPARISON OF VOTING STRATEGIES FOR FAULT-TOLERANT DISTRIBUTED SYSTEMS*. in Proc. IEEE 9th Symp. Reliable Distributed Systems, Huntsville, Alabama, pp. 136–145. 1990.

[99] Y. W. Leung. *MAXIMUM LIKELIHOOD VOTING FOR FAULT-TOLERANT SOFWARE WITH FINITE OUTPUT-SPACE*. IEEE Trans. Rel., vol. 44, no. 3, pp. 419–427. 1995.

[100] K. Kim, M. A. Vouk, and D. F. McAllister, *A PRACTICAL IMPLEMENTATION OF MAXIMUM LIKELIHOOD VOTING*. Research report, NASA NAG-1-983. 1997.

[101] Bass, J., M. *VOTING IN REAL-TIME DISTRIBUTED COMPUTER CONTROL SYSTEMS*, PhD thesis, Department of Automatic Control and System Engineering, The University of Sheffield, Sheffield.1995.

[102] F. S. Acton, *NUMERICAL METHODS*. Harper and Row Publishing Company, 1970.

[103] G. Latif-Shabgahi, S. Bennett, and J. M. Bass. *VOTING ALGORITHMS IN MULTIPLE ERROR SCENARIOS FOR REAL-TIME CONTROL APPLICATIONS*. in 15th World Congress of Int. Federation of Automatic Control (IFAC b'02). 2001.

[104] G. Latif-Shabgahi, J. M. Bass, and S. Bennett. *INTEGRATING SELECTED FAULT MASKING AND SELF-DIAGNOSIS MECHANISMS*. In Proc. PDP99: 7th EuromicroWorkshop on Parallel and Distributed Processing, pp. 97–104.1999.

[105] M. A. Vouk, A. M. Paradkar, and D. F. McAllister. *MODELING EXECUTION TIME OF MULTI-STAGE N-VERSION FAULT-TOLERANT SOFTWARE*. In Proc. IEEE Computer Software and Application Conf. pp. 505–511. 1990.

[106] D. Cummings and L. Alkalaj. *CHECKPOINT/ROLLBACK IN A DISTRIBUTED SYSTEM USING COARSE-GRAINED DATA FLOW*. Jet Propulsion Laboratory, California Institute of Technology. 1994.